Inhalt

I. Kommentar, Wort- und Sacherklärungen

Falladas Roman *Kleiner Mann – was nun?* wird im Folgenden mit bloßer Seiten- und Zeilenangabe zitiert nach Band 1490 der im Rowohlt Taschenbuch Verlag vorliegenden Ausgabe. Nach dem Schrägstrich folgen die Angaben zu Band 5320 der im Aufbau Taschenbuch Verlag erschienenen Ausgabe; diese folgt im Textstand Band 2 der von Günter Caspar herausgegebenen *Ausgewählten Werke in Einzelausgaben* (s. Literaturhinweise). Vereinzelt unterscheidet sich das Lemma; in diesen Fällen steht der Wortlaut der Aufbau-Ausgabe nach dem Schrägstrich.

Durch die im Roman rekonstruierbaren Zeitangaben lässt sich die Handlung relativ eindeutig im Zeitraum der Jahre 1930 bis 1932 datieren. Das *Vorspiel* findet an einem Juli-Tag statt. Der *1. Teil* spielt im August/September des gleichen Jahres, der *2. Teil* umfasst den Zeitraum vom 30. September – vermutlich des gleichen Jahres – bis zum 29. September des nächsten Jahres. Zwischen dem *2. Teil* und dem *Nachspiel* vergehen vierzehn Monate. Das *Nachspiel* situiert Fallada an einem Novembertag. In seinem Nachwort zur Ausgabe von 1970 weist Caspar im Zuge der Parallelisierung mit wichtigen zeitgenössischen Ereignissen, die Fallada in seiner Darstellung ausspart, darauf hin, dass Falladas Darstellung »am Rande des großen Geschehens bleibt« (vgl. Caspar, im vorliegenden Band S. 129).

Im Vergleich zur ersten handschriftlichen Fassung, die im Hans-Fallada-Archiv in Feldberg/Carwitz liegt, hat Fallada einige – vor allem politische – Stellungnahmen deutlich abgemildert. Die Hinweise auf die politischen und gesellschaftlich-kulturellen Entwicklungen lassen sich hauptsächlich indirekt bestimmen. Auffällig sind neben den ›realistischen‹ Ortsangaben die häufig verwendeten Regionalismen.

Vorspiel

7,7/7,5 *Rothenbaumstraße:* Fallada verwendet konkrete Straßenbezeichnungen – wie in diesem Fall – häufig mit weiteren inhaltlichen Implikationen und – in erzähltheoretischer Perspektive – zur Steigerung des Realitätseindruckes; vgl. auch »Mainzer Straße« / »Krümperweg« (15,2 f. / 13,30), »Hebbelstraße« (15,19/14,11), »Lütjenstraße« (16,5/14,30).

8,8/8,3 *plissierten weißen Rock:* von Plissee (frz.): schmale, gepresste Falten in einem Gewebe, Stoff.

8,26/8,20 *Krankenscheine:* Die mit der Ausweitung der Sozialpolitik zusammenhängende Reformierung des Krankenkassenwesens in der Weimarer Republik gewährte nicht nur den Versicherten, sondern auch deren Familienangehörigen freie Behandlung; vgl. zu weiteren Leistungen Anm. zu 296,33 – 297,1 f. / 259,24 – 26.

11,3/10,17 *volkstümliche Broschüre über sexuelle Probleme:* Sexualaufklärung war im Kaiserreich im Wesentlichen eine Angelegenheit der Eigeninitiative und die Verhütung eine Frage der finanziellen Möglichkeiten. In der Weimarer Republik änderte sich das. Es entfiel nicht nur die Doppelmoral, die die Diskrepanz zwischen öffentlicher Rede und privatem Verhalten bezeichnete; es entstanden Arbeitervereine, die sich mit Aufklärung, Familienplanung und Ehehygiene beschäftigten. Darüber hinaus entwickelte sich eine reichhaltige Ratgeberliteratur, die – ähnlich wie die zeitgenössischen ›Aufklärungsfilme‹ – nicht nur ein Interesse an sexueller Sensation verfolgte, sondern sich tatsächlich im Dienste einer modernen Sexualaufklärung verstand.

11,19/10,32 *Pessare:* (lat.) Mutterringe; zur Korrektur von Lageanomalien der Gebärmutter und zur Empfängnisverhütung.

12,2/11,10 *Ducherow:* Ort zwischen Ueckermünde und Anklam.

12,3/11,11 *Platz:* Ort in der Rhön zwischen Bad Kissingen und Bad Brückenau (sicherlich nicht mit dem hier gemeinten identisch); möglicherweise auch der Ort Plaaz in der Nähe von Güstrow.

12,23/11,30 *Lied aus Pinnebergs Kinderzeit:* Fallada war ein großer Kindergeschichtenerzähler und -erfinder. Dies schlug sich auch in entsprechenden Publikationen (Erzählungen für Kinder) nieder.

13,8/12,9 *Die Tür ist zu:* (umgangsspr.) schwanger.

13,19 f. / 12,18 *hundertachtzig Mark:* Das durchschnittliche Monatseinkommen eines Angestellten betrug 1927 etwa 160 DM. Die von Jachmann später bei Pinnebergs Antritt im Warenhaus Mandel angestrebten 500 DM verweisen auf die oberste und selten erreichte Gehaltsstufe der Angestellten (vgl. im vorliegenden Band die Texte von Siegfried Kracauer und Otto Suhr, S. 153 ff. und 148 ff.).

14,3/12,35 *Nähren:* Stillen.

14,28/13,22 *Abendzeitungen:* Unter den Massenmedien, die in der Weimarer Republik eine rasante Entwicklung erlebten, behielt die Presse ihre Spitzenstellung: 1928 erschienen 3356 verschiedene Tageszeitungen (davon 147 in Berlin), allerdings wurden nur 26 in mehr als 100 000 Exemplaren gedruckt. Dagegen erreichte 1930 die *Berliner Illustrirte Zeitung* (B.I.Z.) eine Auflage von fast 1,9 Millionen, die *Münchner Illustrirte Zeitung* immerhin von 650 000 Exemplaren.

18,16/16,32 *flaxt/flachst:* necken, herumscherzen.

19,4/17,13 *Preßkohlen:* auch: Presssteine, Kohlenziegel. Heizmaterial, bestehend aus ziegelförmigen festen Formstücken, die aus Kohlenklein oder Feinkohle durch Pressung hergestellt werden; unterschiedliche Herstellung für Braun- und Steinkohleziegel.

19,14/17,23 *Tügs:* (niederdt.) verächtlicher Ausdruck für Kram, Zeug.

19,18/17,27 *Deern:* (niederdt.) Mädchen.

19,22/17,31 *Backs:* heftiger schallender Schlag; Kurzform
für Backpfeife.

21,10/19,10 *Proletarier:* besitzloser und abhängiger Lohnarbeiter, der untersten Volksklasse angehörig. Als Terminus
der Klassentheorie nach Marx und Engels: Klasse der ab-
hängigen, ausgebeuteten Lohnarbeiter, die keine Produk-
tionsmittel besitzen. Der Biograph Helmut Manthey und
auch der Herausgeber der Werke Falladas, Günter Caspar, sehen das Vorbild der Mörschels in der Familie von
Falladas Frau Anna Issel, genannt Suse (vgl. Abb. S. 9).
Caspar verweist auf die undifferenzierte Darstellung der
Arbeiterklasse. Für diese habe Fallada nur mangelhaftes
Verständnis, so stellen vor allem die DDR-Interpreten
fest und unterstellen ihm eine kleinbürgerliche Haltung.
Dabei betonen sie aber die proletarische Herkunft Emma
Mörschels, ihre daraus sich ableitende solidarische und
charakterstarke Haltung und den so entstehenden Vor-
bildcharakter.

21,21/19,21 *Ütz:* (niederdt.) Kröte; Schimpfwort für einen
unfreundlichen, verärgerten Menschen.

23,4/20,33 *Murkel:* Kosename auch für Falladas ersten eigenen Sohn Ullrich (vgl. auch Hans Fallada, *Geschichten
aus der Murkelei*, 1938).

23,13/21,4 »*Volksstimme*«: Zeitung; Fallada verzichtet hier
anscheinend bewusst auf eine inhaltliche Zuspitzung,
denn sonst würde der Arbeiter und Sozialdemokrat Mörschel sicher das offizielle Parteiorgan der SPD, den *Vorwärts*, lesen. Es bleibt bei einer allgemeinen *Volks*-Ten-
denz. In der 1932 entstandenen Erzählung *Das Groß-
Stankmal. Bericht aus einer deutschen Kleinstadt von
1931* (in: H. F., *Märchen und Geschichten*, S. 140) ist die
Volksstimme dezidiert ein sozialdemokratisch ausgerich-
tetes Blatt.

24,3 f. / 21,27 f. *Tarifvertrag:* Im Jahr 1919 wurde die Tarif-
autonomie der Gewerkschaften und Unternehmerver-
bände eingeführt, nur vier Jahre später (1923) wurde

Hans Fallada mit seiner Frau Anna, genannt Suse

diese wieder eingeschränkt und die staatliche Zwangs-
schlichtung von Tarifstreitigkeiten beschlossen.

24,11/21,35 *ihr Angestellten:* Im Gegensatz zu Landwirt
(Primärsektor) und Arbeiter (Sekundärsektor) ist der
Angestellte ein im Tertiärsektor (Dienstleistungen, Handel, Banken, Versicherungen) abhängig Beschäftigter. Vor
allem seit den zwanziger Jahren gab es immer mehr Angestellte. Die Ursache hierfür liegt im wirtschaftlichen
und sozialen Wandel (Bürokratisierungstendenz in Wirtschaft, Gesellschaft und Staat). Gleichzeitig setzte bei dieser Berufsschicht ein Mentalitätswandel und das Bedürfnis nach der Abgrenzung zum Arbeiter (aber auch zum
›nächstniedrigeren‹ Angestellten) ein, denn die Einkom-
mensunterschiede zwischen einem Arbeiter und einem
kleinen Angestellten (z. B. einem Buchhalter bzw. einer

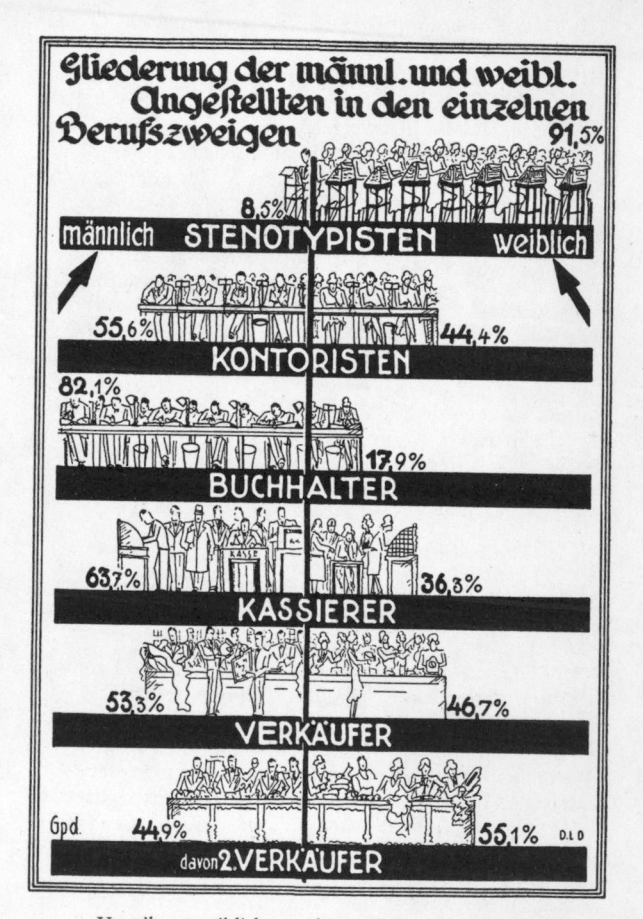

Verteilung weiblicher und männlicher Angestellter
verschiedener Berufe, 1931
(Erhebung des Gewerkschaftsbundes der Angestellten)

Sekretärin oder ›Tippmamsell‹) waren in vielen Fällen nicht wirklich aussagekräftig. Zur Auffächerung der Angestellten nach Berufszweigen und Geschlechtern vgl. die Abbildung S. 10 sowie zur soziologischen Charakterisierung den Text von Siegfried Kracauer, *Die Angestellten*, den Fallada für die Niederschrift seines Romans nachweislich konsultiert hat; vgl. außerdem die Interpretationen von Bernd Hüppauf, »Hans Fallada. Kleiner Mann – was nun?«, in: *Der deutsche Roman im 20. Jahrhundert*, hrsg. von Manfred Brauneck, Bamberg 1976, S. 209–239, und Helmut Lethen, »Falladas *Kleiner Mann – was nun?* und die bürgerlichen Mittelstandstheorien«, in: H. L., *Neue Sachlichkeit 1924–1932. Studien zur Literatur des »Weißen Sozialismus«*, Stuttgart 1970, S. 156–167 (vgl. im vorliegenden Band S. 153 ff., 137 ff. und 130 ff.). Kracauer weist auch auf ein berufsständisch orientiertes Sonderbewusstsein hin, das in Deutschland stärker ausgeprägt war als in vergleichbaren Industrieländern. Zur Altersschichtung und soziologischen Charakterisierung der Angestellten bemerkt der Historiker Walter Falter, dass insgesamt die Angestellten verhältnismäßig jung waren, »nur 25% von ihnen waren älter als 40 Jahre«. Ausschlaggebend für den Angestelltenstatus war »weder die Berufsbezeichnung noch die Gestaltung des Arbeitsvertrages oder die Vorbildung. Angestellter war vielmehr, wer – teilweise historisch bedingt – der Versicherungspflicht in der Reichsanstalt für Angestelltenversicherung unterlag« (W. F., *Hitlers Wähler*, München 1991 [im Folgenden zit. als: Falter, 1991], S. 230).

24,23/22,9 *Deutsche Angestellten-Gewerkschaft:* Fallada verwendet einen Phantasienamen, um keine parteipolitische Assoziation zu erzeugen (nicht zu verwechseln mit der 1945 gegründeten Deutschen Angestellten Gewerkschaft, DAG). Möglicherweise bezog er sich auf den *Gesamtverband Deutscher Angestelltengewerkschaften* (GEDAG), der 1927 411 000 Mitglieder hatte (vgl. Kracauer, im vorliegenden Band S. 154 f.).

24,28–25,1/22,14–19 *gelber Verband ... gelben Bonzen:*
Höchstwahrscheinlich meint Fallada die GEDAG, die ein
christlich-liberaler Verband war. Die Bezeichnung als gelber Verband, die eine politische Nähe zur DNVP
(Deutschnationale Volkspartei) impliziert, ebenso wie die
generelle Tarifbestimmungsunfähigkeit, ließe sich nur aus
einer extrem linken Position ableiten.

25,17 f. / 22,34–36 *Wir denken doch auch ganz anders ...
andere Bedürfnisse:* vgl. Anm. zu 26,22–27/23,36–24,3.

26,16/23,29 *Scheuerei:* abschreckende Dinge sagen.

26,22–27/23,36–24,3 *Pinneberg ist vieles nicht selbstverständlich. Die häßlichen Steingutteller ... der waschende
Karl:* Steingut ist die Porzellanart der Unterschichten.
Hier werden die auf Ästhetik begründeten Versuche der
Distinktion, der Unterscheidung bzw. Differenzbildung,
deutlich. Pinneberg zieht diese Grenzen vor allem bei der
Sauberkeit (z. B. der Gardinen: »es müßte hell sein bei
uns und weiße Gardinen und alles immer schrecklich
sauber«; 27,30–28,2 / 25,3 f.) und dem Geruch. Später am
Abend ist es ihm auch unangenehm, zusammen mit seiner Verlobten in einem Bett zu liegen, während die Eltern
nebenan schlafen. Diese ästhetische Komponente tritt
auch noch einmal beim Kauf der Frisierkommode, also
einem Möbelstück, das ausschließlich der Hygiene und
Körperpflege dient, zu Tage. Einmal mehr wird auch hier
der hilf- bzw. aussichtslose Kampf des ›kleinen Mannes‹
Pinneberg manifest. Denn nicht nur, dass es das einzige
Möbel der beiden bleiben wird, es führt sie im ersten Monat auch noch an den Rand des ›Bankrotts‹ und erfüllt im
weiteren Verlauf der Handlung – unter den geänderten
Umständen – auch keine Funktion mehr, außer dass es
symbolisch für die verbalen Ansprüche der Angestellten
und ihrer Abgrenzung gegenüber den ›Proletariern‹ steht.
Ein weiteres Mal dokumentiert sich diese Aussichtslosig-
keit am Weihnachtsabend. Das für die Körperhygiene ge-
kaufte »Eau de Cologne« wird – bis es schließlich voll-

ständig geleert ist – zur Überdeckung des Katzenurins verwendet, ohne dass es entscheidende Wirkung zeigt (235,13–236,8/207,3–29). Aber auch Emma wird bei der Wohnungssuche in Berlin diese Unterschiede geltend machen (vgl. dazu 212/187 und die Bewertung von Otto Suhr, im vorliegenden Band S. 150 ff.). – Darüber hinaus wird der weiße, abnehmbare Hemdkragen zum Symbol der Differenz. Emmas Vater wird als ein Mann in »grauen Hosen, grauer Weste und einem weißen Trikothemd, ohne Jacke, ohne Kragen« eingeführt (23,7–9 / 20,37 ff.). Für Pinneberg und die vielen kleinen Angestellten, deren Gehalt sich nur geringfügig von dem eines Arbeiters unterscheidet, wird der Begriff »Stehkragenproletarier« geprägt (vgl. Anm. zu 157,17 f. / 139,34 f.). Den nicht nur symbolischen Verlust seiner Würde bzw. seines ›Dazugehörigkeitsgefühls‹ erlebt Pinneberg am Ende, als zunächst der Schreinermeister Puttbrese ihn auslacht und auffordert, seinen Kragen abzulegen, um dann schließlich in einem Schaufenster sein ärmliches und heruntergekommenes Äußeres zu sehen. Kurz darauf wird er dann auch noch von einem Polizisten des Bürgersteigs verwiesen. Der Soziologe Hans Speier charakterisiert in seiner 1933 entstandenen Studie *Die Angestellten vor dem Nationalsozialismus* zwei Möglichkeiten, das Angestelltentum einzuzuorden: zum einen die mittelständische Auffassung (Vertreter: GdA, DHV und Vertreter aller Parteien), die in den Angestellten eine neue Schicht zwischen Kapital und Proletariat sah, die sich vor allem nach unten stark abgrenzte, und zum anderen die Klassentheorie, deren Vertreter im Wesentlichen sozialistische Intellektuelle, Politiker und der Afa-Bund waren und die die Angestellten mit den Proletariern gleichstellte. Sie versucht, das Ansehen, die soziale Geltung, das politische Handeln und die Meinungen der Angestellten aus ihrer Klassenlage abzuleiten (H. S., *Die Angestellten vor dem Nationalsozialismus. Ein Beitrag zum Verständnis der deutschen*

Sozialstruktur 1918–1933, Frankfurt a. M. 1989 [überarb. Ausg. der Erstveröffentl., Göttingen 1977], S. 96 ff.).

26,33/24,8 *Bourgeois:* (frz.) Bürger, Angehöriger der Bourgeoisie; »in Frankreich seit Ende des 16. Jahrh. allgem. Bezeichnung für die wohlhabende, besitzende Klasse der Bürger. Der Bourgeois gilt als der Inhaber eines festen und sicheren Besitzes, und als solcher steht er im Gegensatz zu den nichtbesitzenden Klassen. [...] Die Bourgeoisie wirkte [...] nach Durchsetzung ihrer sozialen Forderungen als Träger des Unternehmertums gegenrevolutionär und verteidigte ihre Eigentumsrechte mit Hilfe des Staats; daher wurde im sozialist. und revolutionären Sprachgebrauch die Bezeichnung Bourgeoisie allgemein der Name für die dem Proletariat feindliche herrschende Klasse, ohne daß innerhalb dieser weitere Unterschiede gemacht wurden« (Lexikonart. »Bourgeoisie«, in: *Der große Brockhaus*, Leipzig 1929).

27,6 / 24,13 f. *Sozialfaschisten:* Der Begriff »Faschismus« wurde von der KPD nicht nur auf die Nationalsozialisten angewandt, sondern diente auch zur Charakterisierung der Regierung. Die Sozialdemokraten repräsentierten in den Augen der Kommunisten die besonders gefährliche Spielart des Sozialfaschismus.

27,8/24,16 *Sowjetjünger:* abwertende Bezeichnung der KPD-Anhänger wegen ihrer starken Sympathie für die Sowjetunion und die dortige Regierung (vgl. Anm. zu 27,21/24,29).

27,9/24,17 *Panzerkreuzerhelden:* innenpolitisches Thema im Wahlkampf von 1928. Der Historiker Peter Longerich umreißt die geschichtliche Situation, in der dieser Ausdruck geprägt wurde, wie folgt:

»Im Wahlkampf 1928 hatte die SPD mit der zugkräftigen Parole Kinderspeisung gegen Panzerkreuzer das Faktum herausgestellt, daß die Parteien des Bürgerblocks die Zuschüsse zu den Schulkinderspeisungen gestrichen und andererseits die erste Rate für den Bau eines Panzerkreuzers bereitgestellt hatten. [Dies war eine Prestigefrage, denn die Bauweise erlaubte die Umgehung der Bestimmungen des Versailler Vertrags, außerdem ein Hebel zur Revision der 1919 auferlegten Rüstungsbeschränkungen.] [...] Da die Frage des Panzerkreuzerbaus die Bildung der neuen Regierung gefährdete, entschloß sich Müller zum Rückzug: In einer der ersten Ministerbesprechungen der Großen Koalition am 10. August 1928 jedoch stimmten die sozialdemokratischen Kabinettsmitglieder für den Bau des Panzerkreuzers A. Diese Entscheidung löste innerhalb der SPD eine Protestwelle aus. [Die KPD beantragte ein – letztlich gescheitertes – Volksbegehren.] Unter dem Druck der Parteibasis stellte die SPD-Reichstagsfraktion am 31. Oktober den Antrag, den Bau des Panzerkreuzers A einzustellen und die hierfür vorgesehenen Mittel für die Kinderspeisung einzusetzen. Für diese Entscheidung stellte sie ihre Regierungsmitglieder, einschließlich des Reichskanzlers, unter Fraktionszwang. Der Antrag wurde zwar am 16. November von der Parlamentsmehrheit überstimmt und damit die Existenz der Koalition gerettet. Die Tatsache, daß die SPD-Regierungsmitglieder gezwungen worden waren, gegen den von ihnen selbst getragenen Regierungsbeschluß zu stimmen, mußte aber ihr Gewicht innerhalb des Kabinetts herabsetzen und das Vertrauen in die Gradlinigkeit der Regierungspolitik mindern.«

Longerich. 1995. S. 248. – © 1995 Fackelträger-Verlag, Hannover.

27,21/24,29 *KPD:* Kommunistische Partei Deutschlands, gegründet 1919. Die KPD wurde durch die Spaltung der Unabhängigen Sozialistischen Partei (USPD) – der radikale Flügel wandte sich den Kommunisten zu, der gemäßigte ging zu den Sozialdemokraten – ein wichtiger politischer Faktor. Des öfteren unternahmen die Kommunisten (vor allem in der Anfangsphase) Aufstandsversuche. Immer mehr orientierte sich die KPD nach Moskau (›Bolschewisierung‹ der KPD). Bis zum Ende der Weimarer Republik, das auch das Ende und das Verbot der Partei bedeutete, hielt die KPD konsequent an ihrer seit 1928/29 propagierten ›Sozialfaschismus‹-These fest. Sie betrachtete nämlich die Sozialdemokraten, deren Stimmenanteil sie niemals erreichte, als den wirklichen Hauptfeind. Daher befürwortete sie sogar ein zeitweiliges und punktuelles Paktieren mit der NSDAP: so z. B. 1931 beim Volksentscheid in Preußen über die Auflösung des Landtags und 1932 beim Berliner Verkehrsarbeiterstreik. Die KPD besetzte innerhalb des breiten Weimarer Parteienspektrums den radikalen linken Flügel und wurde zum geistigen Hauptfeind der NSDAP. Die sich im Laufe der Weimarer Republik zuspitzende Demokratiefeindlichkeit und die gewaltsame Polarisierung zieht sich als Thema durch den gesamten Roman (z. B. 228/200, 401/351 und 402 f. / 353).

27,26/24,34 *Nachthimmel:* vgl. auch 57,21/53,16 und 58,31/54,21 oder den Topos der Insel (192,15 f. / 170,9) bzw. der Natur (196,29–197,13/173,35–174,13), in der sich das Paar auch kennen lernt (254/223). Die Natur – vor allem als Blick in den Sternenhimmel – spielt als Ort der Harmonie zwischen Pinneberg und Emma eine große Rolle. Das erste Gespräch in der Wohnung in Ducherow und auch die Schlussszene, die das vermeintlich ›kleine‹ Glück manifestiert, finden im Freien unter dem Sternenhimmel statt; zur Bedeutung der Natur innerhalb eines bestimmten Interpretationskonzeptes vgl. Lethen, im vorliegenden Band S. 131 f.

28,15 f. / 25,17 *Aschenputtel:* Märchenfigur der Brüder Jacob und Wilhelm Grimm; sprichwörtl. für das Mädchen in der Familie, das bislang unterdrückt und nun von dem ›Prinzen‹ erwählt wird.

28,17–24/25,19–26 *Feierabend … Verkäuferin:* Emma arbeitet als Verkäuferin. Werner Falter beschreibt die soziologische Zusammensetzung von jungen Ehepaaren: In den Jahren von 1925 bis 1933 sei in den »›typischen‹ Berliner Arbeitsbezirken im Schnitt jeder fünfte Erwerbstätige ein Angestellter« gewesen, von denen viele »mit Proletariern verschwistert, verschwägert oder verheiratet« waren. Typisch für die Weimarer Zeit ist »etwa die Kombination: Mann = Facharbeiter, Ehefrau = Verkäuferin oder Bürogehilfin« (Falter, 1991, S. 241). Dabei wird davon ausgegangen, dass die Frau nur bis zu ihrer Verheiratung im Betrieb verbleibt.

28,18/25,19 *Plätten:* von mnd. *pletten* ›flach, platt, glatt machen, bügeln‹; Plätte bzw. Plätteisen für Bügeleisen.

29,33/26,28 *Jazzgequäk:* Der Jazz ist eine Musikform aus Nordamerika, die durch Vermischung europäischer und afrikanischer Elemente entstand. Die Unterhaltungs- und Tanzmusik steht für die Vergnügungskultur in der Weimarer Republik, gleichzeitig auch für den Einfluss der amerikanischen Kultur seit Beginn des 20. Jahrhunderts. Klaus Mann entwirft ein sehr einseitiges, negatives Bild und spricht von »Jazz-Infektion«: »Millionen von unterernährten, korrumpierten, verzweifelt geilen, wütend vergnügungssüchtigen Männern und Frauen torkeln und taumeln dahin im Jazz-Delirium.« »Der Tanz werde damit »zur Manie, zur Idée Fixe, zum Kult«. Das geschlagene, verarmte, demoralisierte Volk suche Vergessen im Tanz, am gefährlichsten betroffen sei aber »das schlagende Herz des Reiches, die Hauptstadt« (K. M., »Die ›Jazz-Infektion‹«, in: *Weimar. Ein Lesebuch zur deutschen Geschichte 1918–1933*, hrsg. von Heinrich August Winkler und Alexander Cammann, München 1997, S. 144).

30,1/26,29 *Radio:* Ab 1923 sendete die Deutsche Reichspost »Rundfunk für alle«. Im Jahr 1929 gab es bereits 3 Millionen gemeldete Teilnehmer zu Teilnehmergebühren von etwa 2 DM. Zwar betont Pinneberg das Bedürfnis, Radio zu hören (hierfür wird anfangs auch Geld veranschlagt), im wei-

teren Verlauf wird jedoch deutlich, dass er sich diesen kulturellen ›Medien-Luxus‹ (ebenso wie das Kino, von dem
immer wieder die Rede ist) nicht leisten kann. Die Bedeutung des Mediums Radio wird durch häufigeres Auftau-
chen von ›Radiolärm‹ im Hintergrund hervorgehoben.

31,31 f. / 28,16 *Abzüge:* Drei Prozent des Lohns musste
auch der Arbeitnehmer zur Arbeitslosenversicherung
beitragen (zu den weiteren Abzügen die Gehaltsabrech-
nung von Pinneberg vgl. 223 f. / 197 f.).

32,26/29,9 *Kino:* das wichtigste Unterhaltungsmedium der
Weimarer Republik. Von dem zeitgenössischen Publizis-
ten Siegfried Kracauer vor allem als ›Medium der Zerstreuung‹, als ›Medium der Tagträume‹ und als ›Medium
der Angestellten‹ charakterisiert, scheint es ein selbstver-
ständlicher Bestandteil von Pinnebergs und Emmas Kul-
turbedürfnissen zu sein, jedoch bleibt ein Besuch aufgrund der finanziellen Situation unerreichbar. Nur einmal
gehen die beiden – als Jachmann sie einlädt – ins Kino. Sie
sehen eines jener ›Kleine-Leute-Melodramen‹, in denen
sich ihre eigene Geschichte spiegelt. Der Oberflächen-
und Scheincharakter des Stücks wird ihnen nicht bewusst,
und sie treten in die von Kracauer beschriebene ›Oberflä-
chenfalle‹ ein. Dies wird deutlich, als der Schauspieler
Schlüter in das Warenhaus kommt und Pinneberg – in
einer naiven Übertragung der Fabel des Films – dem
Schauspieler die Kenntnis seiner Situation – die des kleinen Mannes – und die entsprechende Handlung abver-
langt. Fallada selbst war Ende der zwanziger Jahre in
Neumünster – bevor er seine spätere Frau Suse Issel kennen lernte – neben seiner Tätigkeit als Abonnentenwer-
ber auch gelegentlich Kinokritiker für die lokale Zeitung

35,15/31,20 *ich habe nichts da:* Pinneberg spielt auf die
mögliche Verhütung (Kondom) an. Der Sexualität wird in
dem Roman viel Raum gegeben. Zu den Ansichten der
Angestellten zu Sexualität und Ehe vgl. Kracauer, im vorliegenden Band S. 156 f.

Erster Teil

36,7/35,5 *dritter Klasse:* Das Bahnfahren war bis 1928 noch
in vier Klassen unterteilt, danach nur noch in drei.

38,28/37,15 *Inflation:* Vorgang der Geldentwertung. Die
Weimarer Republik erlebte zwei große Inflationswellen –
die erste in den Jahren 1923/24. Kostete im April 1923 ein
Kilogramm Brot bereits 474 Mark, so stieg dieser Preis
bis zum November auf 399 Milliarden Mark. Die Einführung der Rentenmark trug zur Stabilisierung bei. Innerhalb der ersten Inflationswelle verloren viele Menschen
ihre Ersparnisse, soweit sie nicht in Immobilien, Aktien
oder anderen Sachwerten angelegt waren. Vgl. zur Darstellung der Inflation auch: Hans Fallada, *Wolf unter
Wölfen* (1937).

39,14/37,35 *Vertiko:* Herkunft des Wortes unklar, angeblich
nach dem Tischler Vertikow in Berlin; Zierschrank mit
kleinem Überbau (zweite Hälfte des 19. Jahrhunderts). –
Uhr unter Glassturz: vgl. Anm. zu 41,18.

41,18/39,29 *Stutzuhr:* Es handelt sich im Verhältnis zu den
Bodenstanduhren, um kurze – scheinbar gestutzte – Uhren. Der Begriff Stutzuhr ist eine unscharfe Bezeichnung,
da er Uhren zur Aufstellung in Innenräumen auf einem
beliebigen Möbelstück ebenso einschließt. Es existieren
zahlreiche regionale Varianten.

44,5 f. / 42,2 f. *Kartoffel en groß und en détail:* frz. *en gros* ›in
großen Einheiten‹; frz. *en détail* ›einzeln‹. Fallada arbeitete
selbst eine Zeit lang in der Landwirtschaft und verfasste
auch eine Schrift zur Optimierung des Kartoffelanbaus
(vgl. die »Zeittafel zum Leben Hans Falladas«, Kap. VII).

47,28/45,8 *Etageren:* Gestelle für Bücher oder Geschirr
oder Bezeichnung für drei verschieden große, übereinan-
der angeordnete, mit einem Stab in der Mitte verbundene
Teller oder Schalen für Obst o. ä.

47,33/45,13 *Rabitzwand:* nach dem Berliner Maurer K. Ra-
bitz, der die Wand 1878 erfand; meist als Trennwand ver-

wendete dünne Wand, die aus einem mit Mörtel und zugesetzten Faserstoffen ausgefüllten Drahtgeflecht besteht.

48,6/45,19 *Riefen:* eigtl. ein Begriff aus der Landwirtschaft: mit Pflug oder Hacke hergestellte Streifen zur Aufnahme von Samen oder Pflanzen bei Aufforstungen; hier wahrscheinlich ein Zierrat oder Ornament im Holz, Rillen, Kerben.

49,18/46,24 *geklappert:* (umgangsspr.) mit den Zähnen geklappert, gefroren.

49,19/46,25 *pikiert:* gereizt, verletzt, verstimmt, gekränkt, unangenehm berührt.

50,18 f. / 47,17 *Glaspirol:* starengroßer Singvogel, das Männchen mit gelbem bis grünlichem Gefieder und meist schwarzen Flügeln, das Weibchen nur grünlich; das Männchen lässt einen flötenden Ruf hören, das Weibchen ein Krächzen; hier aus Glas als Nippes, Schmuckstatuette.

53,3/49,23 *Alpakakleid:* aus Alpakawolle; das Haar des auf den Hochebenen Südamerikas gezüchteten Schafkamels, ein hochwertiger und teurer Stoff.

56,1/52,2 *Bergmann:* Der Name »Bergmann« als Chef eines ›kleinen‹ Angestellten taucht bereits in der Kurzgeschichte *Kubsch und seine Parzelle* (1931) auf, die den Umzug von Kubsch und seiner Frau aufs Land und die damit verbundenen anfänglichen Schwierigkeiten mit der Bestellung des Landes thematisiert, auf. Dort heißt es: »Kubsch war ein kleiner Angestellter bei Bergmann oder Pintsch, zweihundertzwanzig Mark Bruttogehalt, vierundzwanzig Jahre alt. Die Verhältnisse zu Hause unerfreulich« (zit. nach: Hans Fallada, *Märchen und Geschichten*, S. 51).

57,8/53,2 *schiech:* (österr./bayr.) hässlich, abscheulich, aber auch: zornig, wütend; von mhd. *schiech* ›scheu‹.

61,1 f. / 56,13 f. *Konfektion … Düngemittel:* In der Erzählung *Der Pleitekomplex* (1931) ist die Protagonistin Annemarie Geier zunächst Sekretärin bei einem Hut-Konfektionär, später in der Getreide-Futtermittel-Branche, bevor sie bei »Lohmann & Lehmann, hygienische Artikel und Gummiwaren. Ein goldsicheres Geschäft, keine stotternden Gehälter, der Umsatz steigend« arbeitet. Auch die Kurzgeschichte *Mit Metermaß und Gießkanne. Aus dem Leben des Abteilungschefs Franz Einenkel* (1932) spielt im Milieu der Herrenkonfektion und variiert deutlich Motive, die Fallada in *Kleiner Mann – was nun?* z. B. im Warenhaus Mandel dann einsetzt; vgl. auch die Kurzgeschichte *Der Bettler, der Glück bringt* (1932) als Geschichte eines arbeitslosen Konfektionärs. Fallada machte sich nach eigenem Bekunden (vgl. in Kap. III,1, S. 157 f., den Text von Hans Fallada zur Entstehung des Romans) mit den Gepflogenheiten und Charakteristika der Konfektionsbranche bekannt. Günter Caspar weist darauf hin, dass Fallada seine Branchenkenntnisse Adolf Platau verdankt, der zudem die im Kaufhaus Mandel spielenden Passagen »überprüft« (G. C., »Nachwort«, in: Hans Fallada, *Märchen und Geschichten*, S. 705; dort finden sich auch die erwähnten drei Erzählungen). Es ist zu vermuten und bei einem genaueren Vergleich der beiden Texte auch zu belegen, dass Fallada aus seiner langjährigen Rezensionspraxis den Roman *Der Konfektionär* (1932) von Werner Türk kannte (vgl. im vorliegenden Band S. 160 ff.) und möglicherweise auch dort inhaltliche Anleihen machte.

61,24/56,36 *Judenwirtschaft:* vgl. auch 62,2/57,10 (»Moses Minden«) und 63,33–64,3/58,34–37. Die Bevölkerung jüdischen Glaubens (vgl. Anm. zu 74,6 f. / 67,27 f.) – nach der Gesetzgebung 1918 in allen Punkten des gesellschaftlichen Lebens gleichberechtigt – wurde in der Weimarer Republik zur Zielscheibe konservativer und nationaler, vor allem nationalsozialistischer (Verbal-)Attacken. Diese Denunziationen leiteten sich aus einem historisch gewachsenen Antisemitismus ab, der sich in den zwanziger Jahren, vermittelt über rassentheoretische Paradigmen, in

physiognomischen Betrachtungen niederschlug, sich aber
auch in kulturellen und vor allem in wirtschaftlichen Be-
reichen manifestierte – hier wurden ›die Juden‹ und ›das
jüdische Kapital‹ für den Niedergang der deutschen Wirtschaft verantwortlich gemacht. Diesen Vorurteilen gilt es
aus heutiger Erkenntnis entgegenzuhalten, dass es eine
»allgemeine oder auch nur teilweise wirtschaftliche Dominanz von Juden in der Wirtschaft der Weimarer Republik« tatsächlich zu keinem Zeitpunkt gegeben hat (Axel
Schildt, *Die Republik von Weimar. Deutschland zwischen
Kaiserreich und »Drittem Reich« (1918–1933)*, Erfurt
1997, S. 81). Dieses Feindbild, das vor allem signifikant
zu Zeiten wirtschaftlicher und politischer Krisen auftrat,
lancierten und forcierten vor allem die Nationalsozialisten. In Falladas Roman finden sich immer wieder Äußerungen, die auf die Virulenz dieser Diskussion hinweisen
(und vor allem die über die Physiognomik geführte Debatte widerspiegeln, z. B. 124/110, 273/239, 355/309, 409/
358), ohne jedoch eine eindeutige Haltung der Roman-
protagonisten oder des Autors erkennen zu lassen. Als
rassisches Pendant zu den Juden wurde der Begriff bzw.
die Rasse des Ariers positioniert.

61,25/56,37 *arischen Betrieb:* vgl. Anm. zu 73,28 / 67,18 f.

62,12/57,19 *Reichsbanner:* Das Reichsbanner »Schwarz-
Rot-Gold« war eine im Jahre 1924 gegründete Wehrorga-
nisation der bürgerlichen Mitte. Mit »dem Rückgang der
bürgerlichen Mittelparteien [hatte] der Wehrverband des
Reichsbanners mehr und mehr einen sozialdemokratischen Charakter angenommen« und schloß sich mit
Gewerkschaften und Arbeitersportverbänden im Dezember 1931 zur »Eisernen Front« zusammen (Karl Dietrich
Erdmann, *Die Weimarer Republik*, München [10]1991
[[1]1980], S. 287).

62,23 f. / 57,30 f. *Katzenköpfe:* von berlin. *Katzenkopp*:
Schlag mit dem Handknochen an den Hinterkopf.

63,29/58,30 *Schickse:* von hebr. *schekez* ›Greuel‹; jidd. Bezeichnung für Christenmädchen, Mädchen, Frauenzimmer.

63,30/58,31 *Memme:* weicher, ängstlicher Mensch.

65,18/60,8 *Chuzpe:* (jidd.) Frechheit.

66,12 f. / 60,34 f. *Reitsaal:* bezieht sich auf die Länge des Raumes.

66,30/61,15 *Möl:* von niederdt. *Mööl* ›Unordnung, Durcheinander, Gerümpel‹.

68,13/62,25 *Siphon Bier:* ein tragbares, kleineres Ausschankgefäß. Es enthält in einem Metallmantel mit aufschraubbarem, luftdichtem Deckel ein Glas- oder Emaillegefäß, worin eine Glasröhre vom Boden zu einem Auslaufhahn des Deckels führt. Nach Einfüllung des Getränks wird durch eine weitere verschraubbare Öffnung Kohlensäuregas eingepresst, das dann bei geöffnetem Hahn das Getränk schäumend heraustreibt.

68,16 / 62,28 f. *gekauzt … gemauzt:* Iterativbildung zu ›kauern‹: hockend niedersitzen, auch: sich ducken, nachgeben, sich demütigen; Iterativbildung zu ›mauen, mauzen‹: schreien wie eine Katze.

70,19/64,23 *Tivoli:* urspr. dänischer Vergnügungspark; hier allgemein für ›Tanzvergnügen, Tanzlokal‹.

71,29/65,27 *dunnemals:* (berlin.) damals.

72,3/65,34 *schieche Tochter:* vgl. Anm. zu 57,2/53,2. – *nöckrigen:* (niederdt., landschaftl. abwertend) ständig unzufrieden, nörglerisch.

73,5/66,32 *Zieh ihm nur die Schrauben an:* jmd. in grober, rücksichtsloser Weise unter Druck setzen, um ihn zu etwas zu zwingen (vgl. Daumenschrauben als Foltermittel).

73,16/67,7 *Knubben:* kleiner Mensch.

73,24 f. / 67,15 *weißfleischige Silesia:* Kartoffelsorte. Hans Fallada verfasste im Rahmen seiner Tätigkeit als wissenschaftlicher Angestellter der Kartoffelbaugesellschaft (1916–18; vgl. auch die Zeittafel, Kap. VII) ein Memorandum zur Steigerung des Kartoffelbauertrages.

73,28 / 67,18 f. *arische Rasse:* Begriff aus der Rassentheorie
des 19. Jahrhunderts mit antijüdischer Ausrichtung, der
bei den Nationalsozialisten schärfste Ausprägung (Arier-
paragraph usw.) findet.

74,3/67,24 *Hakenkreuz:* Parteisymbol der Nationalsozialistischen Partei Deutschlands (NSDAP).

74,5 f. / 67,25–27 *S.A. / SA-Werbefahrt … teutsch:* Die SA
(Sturmabteilung) war die uniformierte und bewaffnete
politische Kampf- und Propaganda-Truppe der NSDAP;
im Dezember 1931 hatte sie etwa 260 000 Mitglieder. Ihre
Aufgaben waren die Lahmlegung der Organisation des
politischen Gegners, allgemeine Verunsicherung durch
Terror und Stärkung des parteiinternen Zusammenhalts
durch das Kampferlebnis. In der Ausgabe *Kleiner Mann
– was nun?* von 1935 ist der Nazi Lauterbach nicht mehr
Nationalsozialist und bei der SA, sondern Fußballtor-
wart im lokalen Sportverein.

74,6 f. / 67,27 f. *Juden:* von hebr. *Jehudi;* urspr. Bezeichnung
für die Angehörigen des Stammes (dann auch des Reiches) Juda. Der Volksname ist seit der Rückkehr aus dem
babylonischen Exil (6. Jahrhundert v. Chr.) synonym mit
›Nachkommen Abrahams‹ und meint damit nicht nur die
Stammesangehörigen, sondern alle Bekenner des jüdischen Glaubens. So ist nach rabbinischem Gesetz Jude,
wer von einer jüdischen Mutter geboren wurde oder zum
Judentum übergetreten ist. Die Juden sind keine biolo-
gische, sondern eine durch ihre Geschichte und gemein-
sames Schicksal und Volkszugehörigkeit zusammen-
gewachsene Einheit; sie als eine semitische Rasse zu
bezeichnen ist unrichtig. – *Welschen:* romanisch (Franzo-
sen), fremdländisch. – *Reparationen:* Leistungen der Be-
siegten eines Krieges zur Behebung von Kriegssachschä-
den. In der Weimarer Republik hatte das Deutsche Reich
aufgrund des Kriegsschuldartikels 231 (Versailler Vertrag,
1919) im Jahr 1921 132 Milliarden Goldmark zu zahlen
(Londoner Ultimatum). Durch den Dawesplan (1924)

und den Youngplan (1929) wurden die Reparationen der deutschen Zahlungsfähigkeit angepasst bzw. gestundet (Hoovermoratorium, 1931). Die Reparationszahlungen machten einen Großteil des Staatshaushaltes aus und schränkten demzufolge die finanziellen Möglichkeiten des Staates ein. Nicht nur in finanzieller, sondern auch in politischer Hinsicht war die Frage der Reparationen ein ständiger inner- und zwischenparteilicher Diskussionspunkt und sorgte für heftigen politischen Zündstoff. Die Reparationszahlungen gelten (nicht nur in der zeitgenössischen Diskussion) als ein (wesentlicher) Katalysator der Inflation. – *Sozis:* (umgangsspr.) Sozialdemokraten.

74,16 f. / 67,37 *Die Nazis waren nicht langweilig. Er kam rasch in den Sturm:* Peter Longerich schreibt zur Rolle der SA, sie habe den Alltag der jugendlichen und jungen Männer neu strukturiert und ihnen die Gelegenheit gegeben, »ihren Tatendrang auf eine scheinbar zielgerichtete und sinnvolle, häufig auch abenteuerliche Weise auszuleben«. Dadurch sei es der SA gelungen, »Mitglieder von paramilitärischen Organisationen und Jugendgruppen abzuziehen und sich als dominierende Kraft im gesamten Feld rechter Wehrverbände durchzusetzen« (Longerich, 1995, S. 290).

74,28/68,11 *Sowjetbrüdern/Sowjetbürgern:* vgl. Anm. zu 27,8/24,16.

74,31/68,13 *Allgemeiner Sabe:* (Abk.) Allgemeiner SA-Befehl. – *Gruf:* (Abk.) Gruppenunterführer; Rangbezeichnung in der SA.

75,2/68,17 *Sturmnummer:* Die einzelnen Stürme der SA wurden entsprechend ihrer Zugehörigkeit zu der nächstgrößeren regionalen Einheit durchnummeriert.

76,12/69,22 *Kontokorrent:* Geschäftsverbindung, bei der die gegenseitigen Leistungen und Gegenleistungen in Kontoform einander gegenübergestellt werden und der Saldo von Zeit zu Zeit abgerechnet wird; hier: Hilfsbuch der doppelten Buchführung mit den Konten der Kunden und Lieferanten.

76,22 / 69,31 f. *gescherbelt:* (berlin.) getanzt.

76,26/69,36 *Du sohlst ja:* (rotwelsch) lügen. Fallada kam mit
dem Rotwelsch, der Gaunersprache, vermutlich spätestens bei seinem ersten Gefängnisaufenthalt (1924; vgl.
die »Zeittafel zum Leben Hans Falladas«, Kap. VII) in
Verbindung. In seinen Romanen und Erzählungen finden sich immer wieder Beispiele für seine detailreichen
Kenntnisse und nuancenreiche Verwendung dieser Sprache, etwa in dem Roman *Wer einmal aus dem Blechnapf
frißt* (1934) oder auch in seinen Tagebüchern (H. F., *Straf-
gefangener, Zelle 32. Tagebuch 22. Juni – 2. September
1924*, hrsg. von Günter Caspar, Berlin 1998).

77,16/70,21 *Rationalisieren:* zweckmäßiger, wirtschaftlicher,
effektiver gestalten. Anfänglich aus der Philosophie
stammender Begriff, der durch häufige Verbindung mit
dem ökonomischen Bereich im 19. Jahrhundert dort
übernommen wurde. Argument zur Arbeitskraftfreiset-
zung (vgl. Benno Marx, im vorliegenden Band S. 147 f.).

78,11/71,10 *Rufisque:* Bezeichnung für Weizen; eigtl. eine
Hafen- und Industriestadt im Senegal mit heute etwa
150 000 Einwohnern.

78,33/71,31 *präpeln:* von berlin. *prepeln* ›mit Genuss essen‹.

80,21 f. / 73,9 f. *zwiebelt mich hier:* Redensart für ›jmd. hart
anfassen‹.

84,7 f. / 76,12 f. *Das heilige Wunder der Mutterschaft:* bi-
bliographisch nicht zu ermitteln. Möglicherweise handelt
es sich um die zu der Zeit gängige ›graue‹ Ratgeberliteratur. Dass diese Publikation dem Geist der Zeit entsprach,
verdeutlicht ein Titel aus dem Jahr 1932 von Maria Evers:
*Der freudenreiche Rosenkranz. Weihestunden in Mäd-
chenklassen über heilige Mutterschaft*, Paderborn 1932.

85,26/77,26 *Schluse:* (berlin./brandenburgisch) Fruchthülse
von Hülsen- und Beerenfrüchten und von Getreidekör-
nern.

89,12/80,31 *Schurre:* in der Fördertechnik Bezeichnung für
eine die Schwerkraft ausnutzende Rutsche.

89,19/80,37 *wir geben keinen Ausschlag:* bezieht sich auf den Ausschlag der Waage; hier: über das eigentliche Gewicht hinaus keinen Zuschlag geben.

89,31/81,13 *Vesper:* eigtl. Abendgottesdienst in der christl. Liturgie; hier landschaftl. für Zwischenmahlzeit am Nachmittag oder frühen Abend.

90,7 f./81,22 *schofelster:* von jidd. *schofelig* ›niedrig, gering, unfein, schäbig, geizig‹.

90,33/82,9 *zach:* unterschiedliche Bedeutungen, hier wahrscheinlich: klebrige, zähe Masse.

91,8/82,17 *kiekt:* (berlin.) schauen, sehen.

91,12/82,20 *Neese:* von berlin. *Nase/Nese sin* ›Nachsehen haben‹.

91,30/82,38 *Betriebsrat:* organisierte und mit Einspruchs- und Einsichtsrechten versehene Arbeitnehmervertretung in Betrieben ab einer bestimmten Beschäftigtenzahl. 1920 verabschiedete der Reichstag ein Gesetz, das Betriebsräten bereits ab einer Betriebsgröße von 20 Beschäftigten entscheidende Mitspracherechte einräumte.

92,15/83,17 *aus der Tüt / aus der Tüte:* von niederdt. *ut de Tüt* ›außer sich sein‹.

93,8/84,4 *Sich 'nen weißen Fuß machen:* sich für untadelig auszugeben versuchen, sich vom Verdacht reinigen, sich in Gunst setzen.

94,14/85,5 *stempeln gehen:* (umgangsspr.) arbeitslos sein, aufgrund eines behördlichen Stempels Arbeitslosenunterstützung erhalten; die Wendung ist entstanden um/nach 1920. Das Gesetz über Arbeitsvermittlung und Arbeitslosenversicherung (AVAVG) wahrte den »Zusammenhang von Arbeitslosenversicherung und ergänzte ihn um die Berufsberatung und die berufliche Fortbildung und Umschulung«. An die Stelle der wenig zuverlässigen Verwaltung durch die Gemeinden »trat eine regional gegliederte Reichsanstalt«, die nicht der Bürokratie »überlassen, sondern im Falle der Arbeitsvermittlung und Berufsberatung ganz, im Falle der Arbeitslosenversicherung

zum größeren Teil, in die paritätische Selbstverwaltung
der Verbände gegeben wurde« (Volker Hentschel, »Die
Sozialpolitik in der Weimarer Republik«, in: Bracher,
1998, S. 213).

97,18/87,26 *Werbemarsch:* Dazu schreibt Peter Longerich:

»Dabei hatten alle Aktionsformen der SA, auch wenn sie
vordergründig dazu dienten, Parteipropaganda zu ver-
breiten, einen gewalttätigen Zug: Aggressives Sammeln,
Flugblattverteilen und Plakatekleben in Hochburgen des
politischen Gegners, Sprengung von gegnerischen Veran-
staltungen oder die gewaltsame Durchsetzung eigener
Redner gegen ein ablehnend eingestelltes Publikum,
nächtliche Überfälle auf Angehörige feindlicher Organisationen, provozierende Märsche in ›rote Viertel‹, die
jederzeit in Straßenschlachten umschlagen konnten,
Kämpfe um Sturmlokale, die als ›Stützpunkte‹ auf gegne-
rischem Territorium eingerichtet worden waren – alles
dies war Teil einer aggressiven Strategie, mit der die SA
Straßen, Wohnquartiere, ganze Stadtviertel buchstäblich
›eroberte‹.«

Longerich. 1995. S. 290. – © 1995 Fackelträger-
Verlag, Hannover.

97,18/87,26 *Gruf:* vgl. Anm. zu 74,31/68,13.

97,27/87,35 *Alimente:* Lebensunterhaltungskosten, pflicht-
gemäße Unterhaltszahlung, besonders für außerhalb einer Ehe geborener Kinder.

98,28/88,31 *Gruppenunterführer:* vgl. Anm. zu 74,31/68,13.

104,7/93,19 *Malesche:* (niederdt., umgangsspr.) Unannehm-
lichkeit.

105,19/94,28 *Schwoof:* (mitteldt.) Schweif; seit 1825 bezeug-
tes Studentenwort für ein von den unteren Schichten be-
suchtes Tanzvergnügen.

106,15/95,18 *Schmarren:* Narbe einer Schlagwunde, Krat-
zer, Schramme.

106,20/95,22 *Knockout:* (engl.) Sieg durch bewusstlos ge-

schlagenen Gegner im Boxsport; Abk.: k. o. Der Begriff
war in der Weimarer Republik in allen gesellschaftlichen
Schichten sehr populär und bekam zuweilen den Rang einer gesellschaftlichen Metapher (›das Leben ein Box-
kampf‹); prominentester Anhänger war Bertolt Brecht
(vgl. Frank Becker, *Amerikanismus in Weimar. Sportsymbole und politische Kultur*, Wiesbaden 1993).

110,24/99,1 *Saldo:* aus der Handelssprache, Begriff aus dem
Buchhaltungswesen: Differenz zwischen Soll und Haben
am Ende eines Abrechnungszeitraumes.

110,25 / 99,1 f. *Debet:* aus der Handelssprache, Begriff aus
dem Buchhaltungswesen: »Er schuldet«; Bezeichnung für
die linke bzw. Sollseite der Konto-/Buchführung.

112,22/100,26 *Avec:* (umgangsspr.) mit Schwung (frz. *avec*
›mit‹).

113,14/101,11 *abnibbeln:* (niederdt./berlin.) mit den Zähnen, mit den Lippen kleine Stücke von etwas ablösen;
auch: sterben.

113,19/101,16 *Palmengrotte:* gängiger Name für eine Bar
mit Animierbetrieb, die exotisches Vergnügen verspricht;
vgl. auch die Bezeichnung »Haremsbar« in Heinrich
Manns Roman *Ein ernstes Leben* (1932) oder (die tatsächlich in der Friedrichstraße existierende) *Bar Faun* (1931).

114,5/101,35 *olle Schneppe:* (landschaftl.) Schnepfe; salopp,
abwertend für Mädchen, Frau bzw. Prostituierte.

115,9/102,34 *weint ihren richtigen Törn runter:* Begriff aus
der Seemannssprache für die Fahrt mit einem Segelboot
bzw. Begriff für eine Zeitspanne, Turnus (für eine an
Bord ausgeführte Arbeit); hier: weint sich richtig aus.

118,19/105,25 *Dag/DAG:* vgl. Anm. zu 24,23/22,9.

119,1 f. / 106,2 *Arbeitslosenunterstützung:* vgl. Anm. zu
195,1 f. / 172,15 f.

122,26/109,9 *beschupsen:* (landschaftl., salopp) ein wenig
betrügen.

123,11/109,27 *begöscht sie:* (niederdt.) beruhigen, trösten,
beschwichtigen.

124,27–29/110,38–111,1 *Der kleine häßliche Jude … Kopf:* vgl. Anm. zu 61,24/56,36.

126,22/112,21 *Spenerstraße:* Straße im Nordwesten Berlins (Alt-Moabit) in der Nähe des Untersuchungsgefängnisses.

128,26/114,13 *Mandel:* Die Berliner Adressbücher von 1928–32 verzeichnen zwar kein Kaufhaus Mandel, jedoch zwei Herrenausstatter/Kleiderfabrikationen mit Geschäften in der Oranienstr. 101 und der Frankfurter Allee 97.

Zweiter Teil

130,6/117,4 *Autodroschke:* Mietwagen, im Gegensatz zu Pferdedroschken; thematisch behandelt in Hans Falladas Romanen *Ein Mann will nach oben* (1936) und *Der Eiserne Gustav* (1938). – *Invalidenstraße* Straße in Berlin Mitte/Alt-Moabit.

130,24/117,20 *Männeken:* (niederdt./berlin.) Männchen.

131,2/117,24 *Lohnabbau:* Im Dezember 1931 verordnete die Regierung Brüning eine Rückführung der Tariflöhne auf den Stand vom 10. Januar 1927. Im September 1932 erlaubte die Regierung Papen den Arbeitgebern, die Löhne unter bestimmten Umständen ohne Verhandlungen mit den Gewerkschaften herabzusetzen. Der Gehaltsabbau findet sich als Thema auch in Falladas Erzählung *Kubsch und seine Parzelle* (1931).

131,5/117,27 *Schupo:* (umgangsspr.) Schutzpolizist, Schutzpolizei.

131,17/118,7 *Bugatti:* italienische Automarke; hier umgangsspr. für ein Auto eines eingebildeten Autobesitzers.

132,27/119,9 *in Pommern:* hinterwäldlerisch.

132,28/119,10 *Flanellunterwäsche:* weiches, angerauhtes Wollgewebe; hier, im Kontrast zu Seiden- bzw. Baumwollunterwäsche, für ›hinterwäldlerisch‹.

132,29/119,11 *Walküre:* Gestalt der nordischen Mythologie; eine Kampfjungfrau, die die auf dem Schlachtfeld Gefal-

lenen zu Odin begleitet; hier als Bezeichnung für einen
beleibten, starkbusigen Frauentyp.
133,33/120,9 *Johannes:* von hebr. *Jochanan* ›Gott ist gnä-
dig‹.
136,9/122,5 *dispensiert:* (lat./mlat.) jmd. von etwas befreien.
137,16 f. / 123,9 f. *Louis Seize oder Rokoko / Louis XVI.
oder Rokoko:* Stilbezeichnung für Möbel/Kunst vom
Ende des 18. Jahrhunderts.
141,23/126,37 *Ecarté-Karten/Ekartékarten:* französisches
Kartenspiel für zwei Spieler.
141,32/127,1 *Paletot:* (engl./franz.) doppelreihiger, leicht
taillierter Herrenmantel mit Samtkragen, meist aus
schwarzem Tuch, oder ein dreiviertellanger Damen- oder
Herrenmantel.
145,11/129,26 *Drecker:* schmutziger Mensch; Homosexuel-
ler.
145,18/129,34 *verjuxt:* Ausdruck für ›unsinnig ausgeben‹.
145,22/129,38 *Schwadroneur:* von mhd. *saeteren* ›rauschen‹;
Prahler, Schwätzer.
146,3/130,14 *Alex:* (Abk.) Alexanderplatz. »Die Geogra-
phie der Berliner Unterwelt ist kein leichtes, kein einfa-
ches Studium«, schreibt Curt Moreck. Es gebe die drei
Mittelpunkte »Stettiner Bahnhof, Alexanderplatz, Schlesischer Bahnhof. Von hier aus strahlen ihre Schlupfwin-
kel in die beherbergenden Straßen aus«. Dort sei »im
wahrsten Sinne die Schattenseite Berlins. Wer hier lebt,
lebt im Dunkel, so und so« (C. M., *Führer durch das
»lasterhafte« Berlin*, Leipzig 1931 [im Folgenden zit. als:
Moreck, 1931], S. 187).
146,3 f. / 130,14 f. *wie viele Zinken die Harke hat / wieviel
Zinken die Harke hat:* jmd. kräftig die Meinung sagen.
146,18 f. / 130,28 f. *Hinter den fünf Schreibmaschinen fünf
Mädchen:* Die Dame hinter der Schreibmaschine (Tippmamsell, Sekretärin, Stenotypistin) gehört – vor allem in
der großstädtischen Ausprägung – zu den neuen Erscheinungen in der Angestelltenkultur (auch die Verkäuferin,

wie Emma Mörschel; vgl. Anm. zu 24,11/21,35) der Weimarer Republik (1925 bildeten sie bereits 12,6% der Angestelltenschaft). Sie gilt gleichzeitig als moderne, berufs-
tätige Frau (vgl. die Schilderungen von Irmgard Keun in
Das kunstseidene Mädchen, 1932). Die Zeit weiblicher Er-
werbstätigkeit galt jedoch weiterhin als befristetes Über-
gangsstadium bis zur Ehe (vgl. Kracauer, im vorliegenden
Band S. 155 f., und die Anm. zu 28,17–24/25,19–26).

147,29/131,36 *Kontorbote:* Bürobote, Laufjunge.

154,7/137,4 *durch den Kleinen Tiergarten:* im Gegensatz
zum Bezirk Tiergarten und dem gleichnamigen großen
Park, hier ein kleiner Park im Nordwesten Berlins.

154,15/137,12 *tüffelt nach Haus:* schleppend, schwerfällig,
unbeholfen, langsam gehen.

154,30/137,27 *Massel gehabt:* (jidd.) Glück gehabt.

155,10/138,2 *koscher:* (jidd.) sauber, einwandfrei, unbe-
denklich, rein; bei Speisen: entsprechend jüdischen Spei-
segesetzen genießbar.

157,12/139,30 *Winterulster:* Ulster ist eine Provinz in
Nordirland; hier: weiter (Herren-)Mantel aus Ulster, einem Stoff aus grobem Streichgarn mit angewebtem Fut-
ter (eingeführt gegen Ende des 19. Jahrhunderts).

157,17 f. / 139,34 f. *Also äußerlich gehört Pinneberg nicht zu
den Arbeitslosen, aber innerlich:* vgl. dazu 158,17–20/
140,28–32: »[…] sie tun mir zwar auch was, sie nennen
mich feiner Pinkel und Stehkragenprolet, aber das ist vorübergehend. Ich weiß am besten, was das wert ist. Heute,
nur heute, verdiene ich noch, morgen, ach, morgen,
stemple ich doch …«, oder: »Am meisten ärgerte er sich
immer darüber, daß ich Kragen trug, steife, gestärkte
Stehkragen. Darin war er wie ein Kind, er sah nicht ein,
daß ich nie eine Bürostellung kriegen würde, wenn ich
ohne Kragen herumlief. Seiner Ansicht trug man nur
Sonntags Kragen, alltags mit einem Kragen rumlaufen
war Fatzkerei« (Hans Fallada, *Ich bekomme Arbeit*, in:
H. F., *Märchen und Geschichten*, S. 107). Zur Sauberkeit

als distinktivem Merkmal vgl. Anm. zu 26,22–27/23,36–
24,3 und Hans Fallada, *Ein Mann will nach oben*, Reinbek b. Hamburg 1994, S. 137.

158,27/140,38 *Afa-Bund:* Der Allgemeine Freie Angestelltenbund ist die Spitzenorganisation der freigewerkschaft-
lichen Angestellten (SPD-nah). Ihm gehört seitens der
kaufmännischen Verbände der Zentralverband der Angestellten an, ihm sind die wichtigsten Technikerverbände
(Deutscher Werkmeisterverband und Bund der technischen Angestellten und Beamten) sowie fast alle Künst-
lerverbände, soweit sie Arbeitnehmerverbände sind, angeschlossen. 1927 hatte der Bund etwa 428000 Mitglieder
(Zahlen nach: Lexikonart. »Freie Gewerkschaften«, in:
Der große Brockhaus, Leipzig 1930).

159,22/141,29 *Konfektionär:* Hersteller von Fertigkleidung
oder leitender Angestellter im Konfektionsverkauf.

159,25/141,32 *Galalithknopf:* Galalith ist ein harter, horn-
ähnlicher Kunststoff.

159,26/141,33 *Substitut:* hier: Verkaufsleiter.

160,8/142,9 *Trenchcoats:* (engl.) zweireihige Regenmäntel
mit Schulterklappen und Gürtel.

161,16/143,13 *Schmissen:* Zeichen der schlagenden Verbin-
dungen (Burschenschaften); Narbe im Gesicht, zugefügt
beim Renommierduell.

164,26/146,8 *Obermeyer:* Der Name Obermeyer ist in den
Adressbüchern Berlins (1928–31) nicht in Zusammenhang mit (Ober-)Bekleidung nachzuweisen.

165,5/146,20 *Beinkleid:* (umgangsspr.) Hosen.

169,16 f. / 150,10 *den Tippel gerettet:* möglicherweise von
der Spielbezeichnung »Tippel«; im Sinne von ›das Spiel
gerettet, eine aussichtslos erscheinende Situation zum
Guten gewendet‹.

170,5/150,29 *schrutzen und klaffen:* plappern; auch: aus-
plaudern, verpetzen.

171,10/151,32 *Palaver:* (engl.) von portug. *palavra* ›Sprache,
Wort‹; aus der Kolonialzeit stammende Bezeichnung für

jede Verhandlung von Weißen mit afrikanischen Einwohnern und anderen Eingeborenen; heute verallgemeinert für überflüssiges Gerede.

172,14 f. / 152,31 f. *Vortrag in der Volkshochschule über griechische Plastik:* Die griechische Plastik war das zentrale Schönheits- und Ästhetikideal der FKK-Bewegung. Zugleich war der Umweg über die griechische Mythologie bzw. die Plastik (und damit die Kunst) eine Möglichkeit, den nackten Körper darzustellen.

172,17 f. / 152,34 f. *Freikörperkulturabend:* aus der Lebensreformbewegung der Jahrhundertwende hervorgegangene Bewegung, die den gesunden Menschen bzw. den Ausgleich von Geist, Seele und Körper zum Ziel hatte. In der Weimarer Republik auch sozialistische Bewegung (Alfred Koch), die auf Sexual-Hygiene und Aufklärung zielte. Teile der FKK-Bewegung nahmen durch die Rassendebatte über den Körper auch Diskussionsmomente der nationalsozialistischen Eugenik vorweg. In den öffentlichen Bädern gab es ab Mitte der zwanziger Jahre geschlossene Abendveranstaltungen (zu Fallada und der Freikörperkultur vgl. Grisko, 2000b).

172,27/153,5 *Bahnhof Bellevue:* Stadtbahn-Station (Nordring) im Nordwesten Berlins und nächste Station zu Alt-Moabit (vgl. Anm. zu 190,21/168,25).

174,26 f. / 154,33 f. *Frankfurter Allee ... Firma Himmlisch:* große Straße vom Alexanderplatz stadtauswärts in Richtung Osten. Die Firma Himmlisch ist in den Adressbüchern von Berlin (1928–31) nicht nachweisbar. Wohl gibt es aber verschiedene andere Betten-/Möbelgeschäfte in der Frankfurter Allee. Fallada hatte schlechte Erfahrungen mit der Firma »Küchen-Himmel« gemacht (vgl. dazu seinen Brief vom 7. Juni 1931, in: Müller-Waldeck, 1997, S. 99), möglicherweise nimmt er hier auf dieses Ereignis Bezug.

181,5/160,12 *Kadewe/KaDeWe:* »Kaufhaus des Westens«; Nobelkaufhaus im Westen Berlins (in der Tauentzien-

straße), das »mit seinem Warenangebot allen Bedürfnis-
sen der modernen Menschheit genügt« (Moreck, 1931,
S. 29).

183,1 f. / 161,37 f. *Berliner Zimmers:* ein Durchgangszim-
mer, das teils im Vorderhaus, teils im Seitenflügel lag und
nur durch ein Fenster in der Zimmerecke, im einspring-
genden Winkel des Hofes, mangelhaft beleuchtet wurde.

185,11/163,35 *Bubenkopf:* auch: Bubikopf; moderne Kurz-
haarfrisur für Frauen (Kennzeichen für die »Neue Frau«,
selbstbewusst, attraktiv, modisch, sportlich, dynamisch,
modern, emanzipiert).

185,22/164,7 *schaff ich ooch alleene:* (berlin.) »schaffe ich
auch alleine«.

190,21/168,25 *Stadtbahn:* S-Bahn; verband die beiden Städ-
tischen Bahnhöfe zwischen Ost- (Schlesischer Bahnhof /
Lichtenberg) und Westteil (Charlottenburg/Grunewald)
der Stadt (vgl. Abb. S. 136). Dazu kam der Nord- und
Südring, der die Stadt umschloss.

190,27 f. / 168,32 *Kempinski:* renommiertes Café im Berliner
Westen (Leipziger Straße, »Haus Vaterland«). Darüber
hinaus gab es noch eine zweite Niederlassung in der Fa-
sanenstraße (Uhlandstraße).

192,4 f. / 169,37 *Eroticis:* hier im Sinne des Austauschs eroti-
scher Zärtlichkeiten; vgl. 194,15/171,33: »Erotika«.

193,23 f. / 171,9 f. *Sparren in den Kopf gesetzt:* (umgangsspr.) etwas, was sich anderen als kleine Verrücktheit
darstellt, Spleen; einen Floh ins Ohr setzen.

194,4/171,22 *dreiviertel duhn / dreiviertel dun:* von niederdt. *dunen* ›betrunken machen‹ (in den Fallada-Roma-
nen häufiger).

195,1 f. / 172,15 f. *Geld von der Reichsanstalt:* 1927 wurde
im Rahmen des Ausbaus des Weimarer Sozialstaates die
Arbeitslosenversicherung eingeführt (anstelle der Er-
werbslosenfürsorge). Zunächst erhielt der arbeitslose Arbeitnehmer Hauptunterstützung aus dieser Kasse – in die
zu gleichen Teilen der Arbeitnehmer und der Arbeitgeber

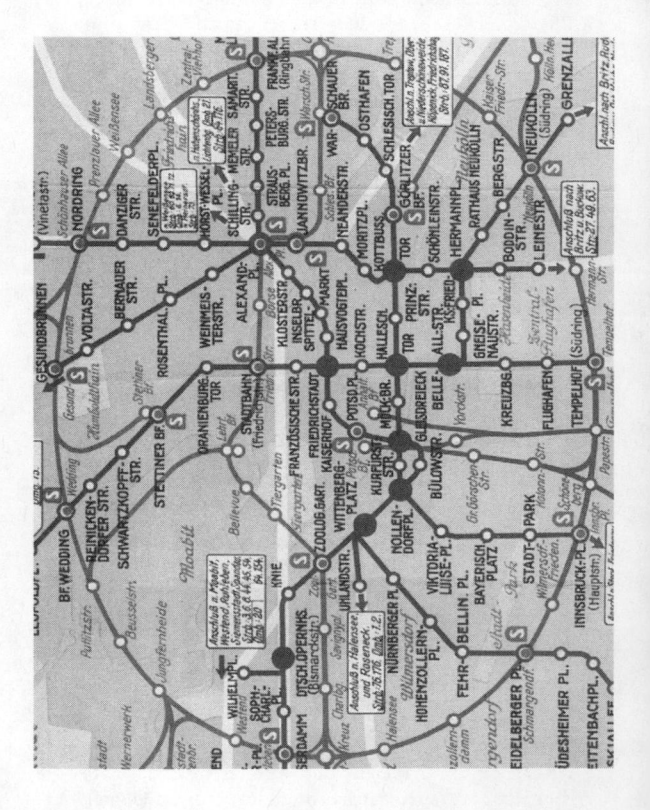

Ausschnitt aus dem Plan des
Berliner S- und U-Bahn-Netzes, 1934

einzahlten –, dann bekam er die sog. Krisenunterstützung – die zu 80% vom Reich und in den restlichen Teilen von den Gemeinden getragen wurde. Am Ende erhielt er eine erheblich reduzierte Fürsorgeunterstützung (Finanzierung durch die Gemeinden). Im Rahmen der Krisenpolitik der Regierung Brüning stellte die Einschränkung der sozialen Sicherung ein Mittel der Ausgabensenkung dar. Die Regierung Papen verlängerte die Wartezeiten auf die Arbeitslosenversicherung und verkürzte deren Bezugszeitraum. – Ständig steigende Beiträge zur Sozialversicherung belasteten die Löhne und Gehälter weiter. Im Dezember 1932 waren unter den fast 5,8 Millionen registrierten Arbeitslosen 13,7 % Arbeitslosenversicherte, 22,2 % Krisenunterstützungsempfänger, 41,7 % erhielten Wohlfahrtsunterstützung und 22,4 % bezogen überhaupt keine Leistungen. Damit wurde während der Krise »das System der Sozialversicherung weitgehend durch das Fürsorgeprinzip ersetzt«. Entsprechend wurde der »Sozialstaat, der soziale Härten und Chancenungleichheiten ausgleichen sollte«, in der Depression »zur Armenanstalt« (Longerich, 1995, S. 304).

195,5/172,19 *Plünnen:* (niederdt.) Kleider, Kleidung, mit möglicher negativer Konnotation in Anlehnung an ›Plunder‹.

195,22/172,35 *auspowern:* sich verausgaben; steht auch für die Amerikanisierung der Sprache und Kultur im 20. Jahrhundert (vgl. 313,29/274,6: »Keep smiling«, mit Anm.).

197,7 / 174,7 f. *Grannenhaare der Ähre:* von mhd. *granne* ›Borste‹; Borste an umgewandelten Blättchen (Spelzen) der Grasblütenstände, z. B. der Gerste.

203,8/179,17 *Kupon Melton:* Ein Kupon ist ein abgemessenes Stück Stoff, Stoffabschnitt, Dekostoff, 120 cm breit und bis zu 10 m lang. – Melton ist ein nach Melton Mowbray benanntes gewalktes Wollgewebe (Tuch) mit verfilzter Oberfläche, ein »weiches, langhaariges und mattglän-

zendes Wollgewebe, meist in Körperbindung, seltener in
Tuchbindung (Leinwandbindung) verflochten. Es wird
mit Mattappretur ausgerüstet, im Strich gerauht und findet Verwendung für Herrenanzüge und Kostüme, ist
dichter als Flanell« (Lexikonart. »Melton«, in: *Der große
Brockhaus*, Leipzig 1932).

206,6/181,38 *Kleinen Anzeigen:* »Es gibt Tageszeitungen
mit der ständigen Rubrik: ›Wo finde ich Sie?‹« Auf diesen ist auch »Er« zu finden. »›Bekanntschaften arrangiert
Dame, Theater, Sport, Tanz. 3 bis 8 (folgt Telefonnum-
mer)‹ Partnerschaft kultivierter Kreise, arrangiert –
zwanglos diskret. Besuchsanmeldung Brabant 2922. So
und ähnlich lauten die Inserate.« Es gab auch so genannte
»Geselligkeitsklubs«, die sich »unter verschiedener De-
vise die Vermittlung von Bekanntschaften« zur Aufgabe
machten: »Also, warum allein, wenn man zu zweien sein
kann?« (Moreck, 1931, S. 80)

212,5/186,38 *Babuschen:* orientalischer spitzer Schuh ohne
Fersenleder und Absatz; hier: Pantoffeln.

212,22/187,17 *Blausäure:* sehr schwache Säure; wird unter
anderem zur Schädlingsbekämpfung eingesetzt.

213,13/188,3 *Schmierseife:* Seifenart zum Waschen. – *Bleich-
soda:* Gemisch von Soda und Wasser mit geringen Zusät-
zen waschaktiver Substanz.

214,10/188,32 *Puttbreese:* Der Name taucht bereits in der
Kurzgeschichte *Das Groß-Stankmal. Bericht aus einer
deutschen Kleinstadt von 1931* (1932) auf (Hans Fallada,
Märchen und Geschichten, S. 143).

214,27 f. / 189,11 f. *Piassavabesen:* aus den Blattstielfasern
einer portugiesischen Palmenart (Piassavepalme).

215,27/190,9 *Alt-Moabit:* Stadtteil im Nordwesten Berlins;
hier steht die große Haftanstalt, aus der in Alfred Döblins Roman *Berlin Alexanderplatz* (1929) auch Franz Biberkopf entlassen wird. Fallada verbrachte in der Zeit
von 1925/26 sechs Monate im Untersuchungsgefängnis
Moabit. Im Anschluss daran wurde er wegen Unterschla-

gung in vier Fällen zu zwei Jahren und sechs Monaten
Gefängnis verurteilt.

220,9/194,3 *abtrümmern:* ›sich vom Acker machen‹, verschwinden.

220,11/194,5 *Destille:* Branntweinschenke, Ausschank.

220,14 f. / 194,8 f. *Viole schieben:* (Rotwelsch, umgangsspr.)
sich seiner Verpflichtung entziehen, täuschen, trügen.

220,16/194,10 *Marie:* (berlin.) Geld.

222,13/195,33 *talmieleganter / talmi-eleganter:* Talmi ist
eine mit einer dünnen Goldauflage versehene Kupfer-
Zink-Legierung, die für Modeschmuck verwendet wurde;
in Zusammensetzungen übertragen für ›Unechtes‹.

228,2–11/200,28–37 *Nazis … Kommunisten … Wahl:* Mit
der Einführung der Weimarer Verfassung erhielten erst-
mals Frauen über 21 Jahre das allgemeine Wahlrecht.
Günter Caspar hat in seinem Nachwort (1970) im Zusammenhang mit der Frage nach der Datierung der Handlung
auf die Nichtthematisierung von einzelnen Wahlen, deren
Ergebnissen und politischen Konsequenzen hingewiesen.
– Der Aufstieg der Nationalsozialisten ist oft mit dem sozialen Abstieg der Angestellten in Verbindung gebracht
worden, so z. B. in dem Roman von Werner Türk *Kleiner
Mann in Uniform* (1936). Werner Falter stellt dazu fest:
»Die Sicherheit wächst, daß Angestellte insgesamt keineswegs eine besondere NSDAP-Anfälligkeit aufweisen«,
sie hätten »sogar eher seltener als der Durchschnitt aller
Wahlberechtigten für die Nationalsozialisten« gestimmt
(Falter, 1991, S. 238). – Das fehlende Bekenntnis zur KPD
wird Fallada vor allem von den DDR-Interpreten vorge-
halten. Der Autor betont in seinem Manuskript zur Entstehung und in Briefen die bewusste Negierung einer po-
litisch-gesellschaftlichen Lösung.

231,23/203,34 *Graupen:* Getreidekörner der Gerste oder
des Weizens.

235,6/206,31 *Selbstbinder:* Krawatte, die einen fertigen

Knoten am Gummiband hatte und so ohne Binden um-
gelegt werden konnte.

235,7/206,32 *Gamaschen:* aus Stoff oder Leder gefertigte
Schutzkleidung für die Wade oder den Oberfuß. Im mili-
tärischen Bereich wurde pedantisch auf Sitz und Sauberkeit der meist weißen Gamaschen geachtet.

235,8/206,33 *Eau de Cologne:* Kölnisch Wasser (vgl. Anm.
zu 26,22–27/23,36–24,3).

237,12/208,27 *Speech:* (engl.) Gespräch, Ansprache.

242,30/213,19 *Calvinstraße:* Als Fallada und seine frisch an-
getraute Frau Anna (Suse) Anfang des Jahres 1930 nach
Berlin ziehen, wohnen sie für kurze Zeit zur Untermiete
in der Calvinstraße 15a in Alt-Moabit, eine Parallelstraße
zur Spenerstraße, in der im Roman Pinnebergs Mutter
wohnt.

246,8/216,12 *pomade:* (berlin.) langsam, träge.

251,13 f. / 220,29 *Städt. Krankenhäuser Berlin:* Das Krankenhaus von Alt-Moabit befindet sich in der Nähe des
»Kleinen Tiergartens«.

252,23/221,33 *Ata:* Putz- bzw. Scheuermittel.

255,19/224,10 *Jazz:* vgl. Anm. zu 29,33/26,28.

255,22/224,29 *Wiek:* (richtig:) Wyk; Ort auf der Nordsee-
Insel Föhr.

259,10/227,19 *Ufa-Theater:* Die Universum-Film AG
(UFA) wurde 1917 als Kriegszusammenschluss verschiedener Film- und Kinotheaterbetriebe gegründet und
avancierte in der Weimarer Republik – unter der Leitung
des nationalkonservativen Verlegers Hugenberg (seit
1927) – zum größten deutschen Filmkonzern (vgl. Kreimeier, 1992).

260,4/228,9 *Man bast so vor sich hin:* gedankenlos umher-
irren.

260,9/228,14 *Elektrischen:* Im Gegensatz zu den von Pfer-
den gezogenen Straßenbahnen/Trams sind hier die mit
Strom betriebenen gemeint.

260,33/228,38 *Aktfotos/Aktphotos:* Die FKK-Bewegung

wandte sich immer gegen erotische Aktphotographie; sie
setzte »Aufnahmen nach der Natur« dagegen. Heilbutt
macht die Ursache seiner Arbeitslosigkeit zum Grund-
stein seines Unternehmertums: die Herstellung und den
Vertrieb von ›Pornographika‹. Den Handel mit Aktpho-
tos als Signatur einer Epoche beschreibt Fallada ausführlicher in *Wolf unter Wölfen*. Auch Franz Hessel beschreibt in seinen Spaziergängen durch Berlin einen solchen Händler: »Was das is? – Sexualität is das. Und was
is Sexualität? Ganz was Natürliches. Wie sieht der
Mensch aus? So und nich anders. Einer geniert sich immer vor dem andern. Sonst würd's jeder kaufen, der kein
Sittlichkeitsapostel is ...« (F. H., *Spazieren in Berlin. Be-
obachtungen im Jahr 1929*, Berlin 1979 [im Folgenden
zit. als: *Spazieren in Berlin*], S. 207)

265,12/232,22 *assortiert:* nach Warenarten ausgewählt, ge-
ordnet und vervollständigt.

273,5–12/239,13–20 *ich bin nämlich jüdisch ... Antisemi-
ten ... Judensau:* vgl. Anm. zu 61,24/56,36.

274,19/240,20 *Molle:* (berlin.) ein Glas Bier.

275,5/241,1 *Lichtreklamen:* »Diese schrecklichen Zacken,
Vor- und Überbauten der ›Geschwürhäuser‹, wie wir sie
früher zu nennen pflegten, verschwinden hinter den Re-
klamearchitekturen.« Wie lang sich »Nürnberg noch halten wird gegen das laufende Band der Lichtreklameflä-
chen, das jetzt die Fassaden von Berlin glatt und gleich-
machend erobert, das weiß ich nicht« (Franz Hessel,
Spazieren in Berlin, S. 131 und 222).

277,5/242,29 *Dussel:* Dummkopf.

277,18/243,4 *Großen Stern:* Kreuzung in Berlin (Tiergarten), auf der die Siegessäule steht.

277,18–30/243,4–13 *Lützowplatz ... Nollendorfplatz ...
Viktoria-Luise-Platz ... Prager Platz ... Nikolsburger-
Platz ... Hindenburgpark ... Fehrbelliner-Platz ... Oli-
vaer-Platz ... Savignyplatz:* zentrale Plätze im Westen
Berlins, der zu dieser Zeit – im Gegensatz zum Ostteil

Anhänger der Freikörperkultur, einen Ger schleudernd

der Stadt – zu den attraktiveren und teureren Stadtteilen Berlins gehörte.

280,24/245,32 *Onanieren:* Masturbation, Selbstbefriedigung. – *Tripper:* Geschlechtskrankheit.

284,6/248,26 *triezen:* (niederdt./mitteldt., umgangsspr.) boshaft quälen, drängen.

296,33–297,2/259,24–26 *Stillbescheinigung … Stillgeld:* Im Rahmen des Ausbaus gesetzlich vorgeschriebener Sozialleistungen wurden die Krankenkassen verpflichtet, den Frauen und nicht anderweitig bezugsberechtigten Töchtern zunächst acht, dann zehn Wochen Krankengeld zu bezahlen und für Hebammendienste, Arzneien und einen Teil der Entbindungsdienste aufzukommen. Freiwillig erbrachte Leistungen wurden im Zuge der Krisenpolitik 1929/30 auf die gesetzlich vorgeschriebenen (und z. T. gesetzlich reduzierten) Leistungen zurückgefahren.

313,27/274,4 *in den States:* Kurzform für die Vereinigten Staaten von Amerika (USA).

313,29/274,6 *Keep smiling:* amerikanischer Ausdruck für ›immer freundlich sein/bleiben‹ (Dienstleistungsmentalität).

317,2/276,33 *Zeitschriften:* Die FKK-Bewegung kommunizierte vor allem über eine in den zwanziger Jahren ausgeprägte und nie wieder erreichte Vielfalt von Zeitschriften.

317,7/276,38 *Ger:* Wurfspieß der Germanen (vgl. Abb. S. 42).

319,18/278,35 *Dalldorf … Wittenau:* Orte außerhalb Berlins (im Nordwesten).

323,14/282,4 *Gummifabrik/Gummifabriken:* Hinweis auf die Fehlherstellung von Verhütungsmitteln in den Kondomfabriken. Diese Art der Verhütung war in den zwanziger Jahren noch sehr teuer. Pinneberg weist auch zu Beginn des Romans – als er bei den Mörschels übernachtet – darauf hin, dass er »nichts da« hat (35,15/31,20). Vgl. auch den Besuch bei Dr. Sesam, der in seiner Broschüre über Verhütungsmittel – vor allem das Pessar – spricht.

324,22/283,8 *Guillotiniertes:* Abgeschnittenes.

325,4/283,23 *Filmschönheit:* Verweis auf den oberflächlichen und inszenierten Charakter des Kinos (vgl. Anm. zu 32,26/29,9).

325,21/284,2 *Bredouille:* (frz.) Bedrängnis, Verlegenheit.

325,24/284,5 *Stuß:* (jidd.) unsinnige Äußerung, Dummheit.

330,3/287,36 *Tinnef:* (jidd.) Plunder, wertloses Zeug.

330,11/288,6 *aufzurebbeln:* (niederdt.) aufwickeln, auflösen.

333,21/290,32 *vom Zoo holen:* Gemeint ist der Bahnhof Zoologischer Garten.

333,31/291,7 *Lerche:* (Rotwelsch, umgangsspr.) unschuldig.

337,3/293,32 *Püpping:* (landschaftl.) Puppe und/oder Schmusen.

339,18/295,35 *Volontär:* Arbeitender in der Vorbereitung auf seine künftige berufliche Tätigkeit (im kaufmännischen Bereich eines Betriebes, heute bes. in einer Redaktion); aus der Militärsprache übernommen.

343,12/298,21 *Kintopp:* nach 1905 von Berlin ausgehende scherzhafte Verkürzung von Kinematograph (von frz. *cinématographe*) für das frühe Kino.

344,33–345,1/300,23 *Friedrichstraße:* Vergnügungsstraße Berlins (auch Sitz der Kinobranche). Fallada beschreibt die Friedrichstraße ausführlicher und plastischer in *Wolf unter Wölfen.* Der zeitgenössische Publizist Curt Moreck schreibt 1931: »Im wilhelminischen Berlin pulste in der Friedrichstadt das großstädtische Leben, hier fühlte man den Herzschlag der wachsenden Metropole, hier war die Intensität ihrer treibenden Kräfte zu spüren«. Damals sei die Friedrichstraße »ein Inbegriff der Weltstadtexistenz Berlins« gewesen: »Aber, wie schon gesagt, ist das gar nicht mehr das typische Berlin, das man hier serviert bekommt«, sondern eine künstliche Industrie, die »mit billigem Aufwand für die Scharen der Gut- und Leichtgläubigen die Komödie vom ›Sündenbabel Berlin‹« spiele. »Was hier gemimt wird, ist nur für die durchreisenden Fremden inszeniert. Und wer genauer hinsieht, der durchschaut es auch« (Moreck, 1931, S. 10 und 18 f.; vgl. Franz Hessel, *Spazieren in Berlin*, S. 219 ff.).

345,5/300,28 *Kabaretts … Varietés:* Gattung der darstellenden Kunst, die Formen und Mittel des Theaters, der Literatur und der Musik (z. B. Lied, Chanson, Couplet) vereint; Theater, in dem Humoristen, Tänzerinnen und Artisten in raschem Wechsel eine Folge von Nummern zeigen. Dabei reicht die Bandbreite der Darbietungen vom politisch-literarischen Kabarett bis hin zum – und vor allem – Auftritt leicht bekleideter Tanzgirls. Dem Besucher bietet »die City und der Westen Institute aller Schattierung, die für sein Amüsement sorgen, von der dicksten Erotik bis zur vergeistigten« (Moreck, 1931, S. 95). Bekannte Vergnügungsformen der zwanziger Jahre; die bekanntesten Etablissements in Berlin waren »Wintergarten« (Dorotheenstraße) und »Scala«.

346,3/301,19 *Trottoir:* (frz.) Bürgersteig.

346,5/301,21 *Eunuchengesicht:* Eunuchismus ist die kennzeichnende Veränderung des Erscheinungsbildes beim Mann durch Fehlen der männlichen Geschlechtshormone (bei Entwicklungsdefekt der Hoden und nach Kastration).

349,5/304,4 *Wiegenlied:* vgl. Anm. zu 12,23/11,30.

355,9/309,8 *auch dies ist eine ältere, dicke, jüdische Frau:* vgl. Anm. zu 61,24/56,36.

357,11/311,2 *Inquisitoren:* strenge Richter bzw. Untersuchungsbeamte.

361,9/314,14 *nach den jetzigen Gesetzen:* Im Jahr 1927 wurde im Rahmen des Ausbaus des Weimarer Sozialstaates ein besonderer Arbeits- und Kündigungsschutz für werdende und stillende Mütter eingeführt.

361,11/314,16 *Alimenten:* vgl. Anm. zu 97,27/87,35.

365,11/317,27 *schrammt ab:* macht sich davon, verschwindet.

374,25/325,27 *Stieglitz:* Distelfink; Singvogel aus der Fami-

lie der Finken, mit roter Gesichtsmaske und gelbem
Feld im schwarzen Flügel; in Europa und Asien verbreitet.

375,7 f. / 326,3 f. *Ackerstraße:* »Selbst diese traurige Gegend
bekommt etwas vom Weihnachtswald und bunten Markt
ab«, schreibt Franz Hessel. »Aus dem Hof der riesigen
Mietskaserne, dem ersten Hof – sie hat wohl fünf oder
sechs, eine ganze Stadt von Menschen wohnt darin.« Eine
Vielzahl von Berufen lasse sich aus den Anschlägen erra-
ten: »Apostelamt, Pumpernickelfabrik, Damen- und Bur-
schenkonfektion, Schlosserei, Lederstanzerei, Badean-
stalt, Drehrolle, Fleischerei ... Und noch so und soviel
Schneiderinnen, Näherinnen, Kohlenmänner, die in den
endlosen, graurissigen Quer- und Seitengebäuden hausen« (*Spazieren in Berlin*, S. 199).

375,8 f. / 326,4 f. *wünscht sich einzupuppen:* putzsüchtig
sein, auf Äußerlichkeiten Wert legen, sich neu einkleiden
wollen.

378,18/328,35 *Cheviot:* (engl.) »meist blau gefärbtes Gewebe aus gröberen Schafwollen, insbesondere aus Groß-
bredwolle, das als Herren- und Damenkleiderstoff sehr
gesucht ist. [...] Cheviotstoffe fühlen sich hart und rauh
an, sind auch stets verhältnismäßig lose, bieten aber das
dauerhafteste Material für Kleidungsstücke« (Lexikonart.
»Cheviot«, in: *Der große Brockhaus*, Leipzig 1929).

Nachspiel

380,2/331,2 [Titel] *Alles geht weiter:* Eine geraffte Zusam-
menfassung des Nachspiels mit deutlichen inhaltlichen
Verschiebungen publiziert Fallada unter dem Titel
»Fröhlichkeit und Traurigkeit« (*Frankfurter Zeitung*,
2. Februar 1932). Zwar entsprächen sich ganze Partien,
»und das bis zur wörtlichen Übereinstimmung«, doch
der Tonfall sei »grundverschieden«: »der Mann stiehlt
Holz, Pinneberg läßt es; hier der Gutenachtgruß, dort die

abgeschmackte Schlußapotheose«. Die kurze Erzählung
sei deshalb »härter, ungeschminkter, den Umständen an-
gemessener« (Günter Caspar, »Nachwort«, in: Hans Fallada, *Märchen und Geschichten*, S. 702).

380,8 f. / 333,7 *Laubendach:* Laubenkolonien, Schrebergär-
ten.

»Zu den Folgen der Krise gehörte weiterhin eine Ver-
schlechterung der Ernährung bis hin zum Hunger, mit
entsprechenden körperlichen Mangelerscheinungen und
Krankheiten. Viele Menschen waren gezwungen, ihre
Wohnungen aufzugeben; sie lebten in provisorischen
Laubenkolonien am Rande der Großstädte oder suchten
sich in Asylen und Herbergen durchzuschlagen; mehrere
hunderttausend Menschen waren auf Wanderschaft.
Massenarbeitslosigkeit bedeutete aber für viele parado-
xerweise ein mehr an Arbeit: So etwa für die Ehefrauen
von Arbeitslosen, die durch intensivere Hausarbeit das
schmaler gewordene Haushaltsbudget ausgleichen mußten oder – wie ihre Kinder – gezwungen waren, Aushilfs-
arbeiten zu Niedrigstlöhnen anzunehmen, oder ihre Zeit
mit dem mühsamen Sammeln von Abfällen und Heizmaterial verbringen mußten.
Die Krise führte auch zu unterschiedlichen Formen der
Selbsthilfe und zum Entstehen von neuen Subkulturen
[...].«

Longerich. 1995. S. 305. – © 1995 Fackelträger-
Verlag, Hannover.

Vgl. zu diesem Problem auch Peukert, im vorliegenden
Band S. 165 ff. Die bekannteste Laubensiedlung der damaligen Zeit brachte Bertolt Brecht in Zusammenarbeit
mit dem Regisseur Slatan Dudow in dem Film *Kuhle
Wampe oder Wem gehört die Welt* (1931/32) auf die Leinwand. Der Film war als Milieustudie arbeitsloser Proletarier angelegt.

386,20/338,29 *Parzellen:* von frz. *parecelle* ›Teilchen‹; durch

Aufteilung einer größeren Fläche entstandenes Land-(stück).

389,1/340,36 *Landjäger:* Förster, Polizei, Militär.

398,20/349,8 *Pflasterkasse:* so bereits in Falladas Kurzge-schichte *Kubsch und seine Parzelle* (1931): »Achthundert Mark sollte er nach und nach in eine Pflasterkasse zahlen, denn jetzt sollte eine richtige Straße gebaut werden, Steu-ern und Abgaben, manchmal saßen sie da und sahen sich nur an« (zit. nach: H. F., *Märchen und Geschichten*, S. 53).

399,1/349,21 *Siedlerkarten:* spezifische Form der Fahrkarte.

399,11 / 349,30 f. *von Pontius zu Pilatus:* (umgangsspr.) in einer Angelegenheit viele Wege machen müssen; hier: umfangreiche und vielfältige Behördengänge machen.

400,12/350,28 *sechs Millionen:* erg.: Arbeitslose; am Ende der Weimarer Republik erreichte Zahl der Arbeitslosen.

402,5/352,11 *Machen Sie sich doch den Kragen ab:* vgl. Anm. zu 26,22–27/23,36–24,3 (»Stehkragenproletariat«).

402,25/352,31 *Riester:* aufzusetzender Flecken zur Auf- und Ausbesserung des Schuhwerkes.

403,10/353,11 *Stremel:* (niederdt., umgangsspr.) langes, schmales zusammenhängendes Stück Land, Stoff, Papier o. ä.; auch: Teil eines Gedankens, einer Erzählung.

405,30/355,17 *Notverordnung:* Auf der Grundlage des § 48 bzw. der »Ermächtigungsgesetze« der Weimarer Reichs-verfassung bot sich die Möglichkeit für den Reichspräsi-denten, zur Wiederherstellung der öffentlichen Sicherheit und Ordnung Erlasse auszusprechen, die Gesetzeskraft hatten, und Grundrechte ganz oder teilweise aufzuheben. Die häufige Verwendung der N. deutet auf die Mehr-heits- und Handlungsunfähigkeit der Exekutive (Regie-rung und Parlament) hin.

408,25 f. / 357,33 *Sturmabteilung der Nazis:* vgl. Anm. zu 74,5 f. / 67,25–27.

408,33–409,3/358,2–5 *Hakenkreuze ... »Juda verrecke!« ... Galgen mit einem dicken Juden dran ... »O Mandel, welch ein Wandel«:* vgl. Anm. zu 61,24/56,36.

409,21 f. / 358,23 *wie viel mehr Mädchen jetzt hier stehen als früher / wieviel mehr ...:* vgl. Hans Fallada, *Besuch bei Tändel-Maxe*, in: H. F., *Märchen und Geschichten*, S. 43, und Anm. zu 344,33–345,1/300,23.

410,12/359,8 *Leipziger:* Leipziger Straße; »die größte Geschäftsstraße der Metropole« (Franz Hessel, *Spazieren in Berlin*, S. 50).

414,6/362,4 *Autotaxe:* im Gegensatz zu Pferdekutschen (vgl. Hans Fallada, *Der Eiserne Gustav*) bereits motorisierte Fahrgastbeförderung; Mietauto (vgl. auch 130,6/ 117,4 »Autodroschke«, mit Anm.).

414,19/362,26 *Katechismus:* (griech.) christliche Glaubenslehre; seit der Reformation das Buch für den christlichen Glaubensunterricht in Frage und Antwort (*Großer* und *Kleiner Katechismus* von Martin Luther, 1529).

414,7/362,16 *Fond:* Grundlage, Hintergrund, hinterer Sitz in einem Wagen.

II. Einleitung: Kleiner Mann – was nun?[1]

Spätestens die schicksalhaft anmutende Frage »Kleiner Mann – was nun?« machte Hans Fallada (d. i. Rudolf Ditzen, 1893–1947) weltberühmt. Waren seine beiden expressionistisch inspirierten Erstlinge (*Der junge Goedeschal*, 1920, und *Anton und Gerda*, 1923) allenfalls einem exklusiven Leserkreis aufgefallen, so änderte sich dies mit dem 1931 publizierten fiktionalen Bauernaufstands- und Prozessbericht *Bauern, Bonzen, Bomben.* Aber erst die Geschichte des ›kleinen Mannes‹ Pinneberg verhalf ihm zur lang erhofften literarischen Reputation. Zudem sicherten die Einkünfte aus dem Verkauf und die Tantiemen (Vorabdruck, Übersetzungen und Verfilmungen) die junge Familie – er heiratete Anna (Suse) Issel im Jahr 1931 – auch finanziell ab. Kurzfristig schien Fallada von seiner Morphiumsucht befreit. Auch die kleineren kriminellen Delikte und seine Aufenthalte im Gefängnis, zumeist aufgrund von Diebstählen während seiner Zeit als Gutsverwalter, sollten nun eigentlich der Vergangenheit angehören.[2]

Das professionelle Marketing seines Verlegers Ernst Rowohlt, der nichts dem Zufall überließ, garantierte den Welterfolg des Buches. Der Vorabdruck erfolgte in der *Vossischen Zeitung.* Noch am Tag der letzten Folge, am 10. Juni 1932, erschien der Roman im Buchhandel. Der Verleger und sein Autor, der selbst einige Zeit in der Rezensionsabteilung des Verlages gearbeitet hatte, baten bekannte Kollegen um Zuschriften und Besprechungen in den großen Tageszeitungen. 753 überlieferte Besprechungen und 275 Zuschriften von Freunden und unbekannten Leserinnen und Lesern deuten darauf hin, dass Fallada mit der Geschichte von

---

1 Für die kooperative Zusammenarbeit möchte ich der Hans-Fallada-Gesellschaft und den Mitarbeitern des Fallada-Archivs, Feldberg, danken.
2 Vgl. zur Biographie Hans Falladas die ausführliche Zeittafel, Kap. VII, und die Literaturhinweise, Kap. VI,1.

Lämmchen, dem arbeitslos werdenden Pinneberg und ihrem Kind, Murkel, den Nerv der Zeit getroffen hatte. Zudem erlangte der Titel einen bis heute sprichwörtlichen Charakter. Viele Leserinnen und Leser identifizierten sich mit dem beschriebenen Schicksal des jungen Ehepaares und betonten die Parallelität zu eigenen Lebensläufen. So ist denn auch von »Falladas Volksbuch«, einem »Volksmärchen« (Jakob Wassermann) und einem »Roman von Millionen« die Rede.[3]

Neben der privaten Geschichte, die den Weg von Johannes Pinneberg aus der kleinen Stadt Ducherow nach Berlin schildert, ist das Buch gleichzeitig eine durchgehend fiktionalisierte Bestandsaufnahme des politischen, ökonomischen und sozialen Klimas am Ende der Weimarer Republik. Im Mittelpunkt steht die für die Dienstleistungsgesellschaft immer wichtiger werdende Gruppe des neuen Mittelstandes: die Angestellten. Trotz deutlicher Korrespondenzen zu Siegfried Kracauers Reportage *Die Angestellten* (1930) und den offensichtlichen Anleihen bei zeitgenössischen Romansujets (so z. B. bei Werner Türk, *Der Konfektionär*, 1932)[4] ist der Erfolg des Buches nicht zuletzt auch auf die dem Autor eigene Mischform aus populärer Präsentation und genauer gesellschaftlicher Analyse zurückzuführen. Falladas

---

3 K. P., »Das neue Buch«, in: *Acht Uhr Abendblatt*, 3. September 1932; Hans Günther, »Hans Fallada. Kleiner Mann – was nun?«, in: *Weltstimmen*, H. 9, September 1932. – Die Lebendigkeit seiner Schilderung verdeutlicht sich auch in der Anfrage eines Lesers, ob Lämmchen und Pinneberg nach dem Vorbild realer Personen entstanden seien und er ihnen mit einem Sack Kartoffeln helfen könne (»Kleiner Mann ... – Du bekommst Kartoffeln!«, in: *Kontinent-Korrespondenz*, Berlin, 6. November 1933). Einige Beispiele dieser sehr privaten Reaktionen finden sich im Anschluss an die Rezensionen der Presse, Kap. III,3.

4 Ein Auszug dieses Romans ist im Materialienteil abgedruckt (Kap. V, S. 160 ff.). Werner Türk veröffentlichte im Jahr 1936, bereits im Exil lebend, möglicherweise als Reaktion auf Falladas Roman sein Psychogramm der frühen dreißiger Jahre, das den Titel *Kleiner Mann in Uniform* trägt. Er beschreibt den Weg eines kleinen Angestellten – im Verlaufe des Romans zwischen einer kommunistischen und nationalsozialistischen Orientierung schwankend – in die NSDAP und die SA.

Realismus entwickelt deutliche ästhetische Korrespondenzen zu den in der zeitgenössischen Diskussion kursierenden
Merkmalen und Elementen der literarischen Neuen Sachlichkeit.[5] Neben dem deutlichen Bekenntnis zur Aktualität
fällt die auffällige Zurücknahme des Autorenkommentars
auf.

Fallada schafft es in seinem Zeitroman, beiläufig ein Pano-
rama des Alltags zu entwerfen: Errungenschaften einer fort-
schrittlichen Sozialpolitik stehen neben der zunehmenden,
die politische und private Stabilität gefährdenden Arbeitslosigkeit. Seine Protagonisten befinden sich im Spannungsfeld
der fortschreitenden parteipolitischen Polarisierung und des
latenten Antisemitismus. Er beschreibt – ohne in den Ges-
tus der Reportage oder der Dokumentation zu verfallen –
sehr detailliert das Milieu der Angestellten im Schatten der
Proletarisierung; er fiktionalisiert die Mechanismen einer
modernen Arbeitswelt und konturiert – in manchmal sentimental anmutender Weise – den privaten Rückzugsort, der
auch gleichzeitig die Antwort auf die gesellschaftlichen Probleme der Zeit darstellt: die Familie. Pinnebergs treue Frau
Lämmchen entwickelt sich im Laufe des Romans zur heimlichen Heldin. Sie übernimmt am Ende des Romans die immer schwieriger werdende Organisation des Haushalts und
die Beschaffung der finanziellen Ressourcen, nachdem sie
zu Beginn weder richtig kochen noch sparsam einkaufen
konnte. Diese zentrale Rolle wird von den Rezensenten
und besonders von den zeitgenössischen Leserinnen bemerkt. Auch die Vielzahl enthusiastischer Zuschriften an-
lässlich eines Preisausschreibens, das aufforderte, Lämmchens Charakter zu beschreiben, machen dies deutlich.

Pinneberg – genannt »Junge« – gehört in die lange Reihe
der schwachen männlichen Helden der Literatur der Weimarer Republik, zu denen auch Franz Biberkopf aus Alfred

---

5 Vgl. dazu: Sabina Becker, *Neue Sachlichkeit*, Bd. 1: *Die Ästhetik der neusachlichen Literatur (1920–1933)*, Köln [u. a.] 2000.

Döblins Roman *Berlin Alexanderplatz* (1930) zählt.[6] Eine weitere Gemeinsamkeit der beiden Romane bildet das Thema der Stadt. Jedoch werden an der ästhetischen Gestaltung der Metropole auch die unterschiedlichen literarischen Techniken deutlich. Während in Döblins Roman die damalige Reichshauptstadt selbst zu einer handlungstragenden Instanz wird, die vor allem über die differenziert eingesetzten Montagetechniken zur Geltung kommt, ist die Stadt bei Fallada lediglich Kulisse. Im Gegensatz zu seinen Romanen *Wolf unter Wölfen* (1937) und *Bauern, Bonzen, Bomben* (1931), in denen die Stadt passagenweise auch strukturell bestimmend wird, sind die Topographien in *Kleiner Mann – was nun?* realistisch und korrespondieren hinsichtlich ihrer Charakterisierung mit den zeitgenössischen Gegebenheiten.

Gezeigt wird der Versuch, mit den Schattenseiten der »goldenen Zwanziger« zu leben. Die Lichtreklame, das Kino, das Radio, das Varieté, der Bubikopf werden – als Metaphern der modernen Vergnügungskultur – zu komplementären Chiffren eines Lebens, das geprägt ist von der Sorge um den Arbeitsplatz, der ökonomischen Absicherung und den ›kleinen‹ Sorgen. So erweisen sich die Kategorien der Sentimentalität bzw. des kleinen, privaten Glücks neben dem Begriff des Schicksals als konstitutive Parameter des Romans und werden – in Verbindung mit den Verhaltenskodizes der Anständigkeit und Ehrlichkeit – zu Garanten des Überlebens von Pinneberg und Lämmchen.

Ebenso realistisch ist – bei aller inhaltlichen Komplexität und der Integration vermeintlich autobiographischer Elemente – Falladas Erzählstrategie. Die vier Teile (Vorspiel: Die Sorglosen; Erster Teil: Die kleine Stadt; Zweiter Teil: Berlin; Nachspiel: Alles geht weiter) folgen einer linearen Chronologie, innerhalb derer vorkommende Zeitsprünge

---

6 Vergleichend argumentieren auch Max Horkheimer / Theodor W. Adorno (1944) und Renate Möhrmann (1978), jeweils auszugsweise abgedruckt in Kap. IV, S. 120 ff. und 140 f.

deutlich markiert werden. Der Autor konzentriert sich auf einen Handlungsstrang, in dem Pinneberg und Lämmchen die entscheidenden Akteure sind. Nebenschauplätze und massive auktoriale Erzählereinschübe gehören ebenso wenig zu seinen bevorzugten narrativen Techniken wie beispielsweise der innere Monolog. Der Dialog und die Szene konstituieren die plastischen und lebendigen Charaktere und die ständig bewegte Handlung. Es entsteht eine der problemlosen Rezeption entgegenkommende Struktur, die durch die auffällige Segmentierung in lesefreundliche und vorab kommentierte Abschnitte unterstützt wird. Entscheidend ist sicherlich auch die Tatsache, dass Fallada seine Handlung, die in den Jahren 1930–32, also in Zeiten der wirtschaftlichen und politischen Krise der Weimarer Republik, spielt, mit einer ›rührenden‹ Liebesgeschichte rahmt.

Neben den zahlreichen Übersetzungsanfragen aus dem Ausland setzt auch umgehend die kulturelle Rezeption im Theater und den ›neuen Medien‹ (Kino und Radio) ein. Bereits während des Vorabdruckes wurde eine Verfilmung vorbereitet, an der auch Fallada mitarbeitete – später aber sich von der Produktion zurückzog. Neben der deutschen Verfilmung, der bald eine eigenständige amerikanische Adaptation folgte, wurde auch ein viel beachtetes Hörspiel produziert. Gleichzeitig wurde das Buch in mehrere europäische Sprachen übersetzt und eine dänische Dramatisierung auf die Bühne gebracht – aber auch Aufführungen im deutschsprachigen Raum sind belegt.

In der 1935 erschienenen Ausgabe machte Hans Fallada, der während der Herrschaft Hitlers in den Jahren 1933–45 in Deutschland blieb, inhaltliche Konzessionen an die nationalsozialistischen Machthaber. So wird aus dem negativ gezeichneten SA-Mann Lauterbach der Torhüter der örtlichen Fußballmannschaft. Es setzte sich eine Tendenz der inhaltlichen und politischen Glättung fort, die bereits im Übergang von der Handschrift zum Druck zu beobachten ist.[7]

Nach dem Zweiten Weltkrieg beginnt der Rowohlt Verlag mit seinem wohl bekanntesten Titel die Reihe Rowohlts Rotations-Romane (rororo), der somit auch die beginnende Erfolgsgeschichte des Taschenbuches markiert. Zahlreiche Neuauflagen in Ost- und Westdeutschland stehen neben zwei weiteren medialen Verarbeitungen. Zum einen ist die 1967 entstandene Verfilmung des DDR-Fernsehens zu nennen und zum anderen auf die 1972 in Bochum uraufgeführte gleichnamige Revue von Peter Zadek und Tankred Dorst hinzuweisen (diese wurde 1973 für das Fernsehen eingerichtet).[8] Entstanden in einer politischen Schwellenzeit, wird der Roman – und damit erklärt sich möglicherweise auch dessen zeitlich gebundene Renaissance – zum literarischen Gegenstand einer politischen Vergangenheitsbewältigung. Diese findet in Falladas Roman ein detailliertes Psychogramm möglicher kleinbürgerlicher Mentalitäten am Vorabend der Machtergreifung durch die Nationalsozialisten.

Daneben steht eine umfangreiche literaturwissenschaftliche, aber auch -didaktische Beschäftigung mit dem Roman, die in ihren unterschiedlichen Ansätzen und Interessen auch ein Stück deutsch-deutscher (Literatur-)Wissenschaftsgeschichte nach 1945 spiegelt. Diese nur in Auszügen dokumentierbare Debatte verweist auf den mittlerweile kanonischen Charakter des Romans, den er trotz zahlreicher Vorbehalte, die sich vor allem auf die populäre Anlage der Romane Hans Falladas insgesamt gründen, erlangt hat.

---

7 Vgl. dazu das Nachwort von Günter Caspar in: Hans Fallada, *Ausgewählte Werke in Einzelausgaben*, hrsg. von G. C., Bd. 2: *Kleiner Mann – was nun?*, Berlin/Weimar ⁴1970, S. 359–394.

8 Aufführungen nach diesem Revuetext stehen noch heute auf den Spielplänen vieler Bühnen.

III. Entstehungs- und Rezeptionsgeschichte

Die Entstehungsgeschichte ist gut dokumentiert, auch wenn es zu bedenken gilt, dass sämtliche autobiographische Äußerungen Falladas überwiegend erfunden sind. Im September 1931 reichte der Autor die Skizze eines politischen Romans bei seinem Verleger Ernst Rowohlt ein. Eine Auseinandersetzung des deklassierten Angestellten Pinneberg mit der radikalen Rechten (Nationalsozialisten) und Linken (Kommunisten) stand im Mittelpunkt der Geschichte. Von der politischen Geschichte blieben nur Rudimente. Fallada selbst charakterisiert den Roman (abgegeben im Februar 1932), als »herrliches, leichtes, beschwingtes« Buch, dessen Charakter sich erst im Prozess des Schreibens verändert hatte. Fallada entwirft in einem Text zur Entstehung des Romans und in seinen autobiographisch gefärbten Erinnerungen seine lebensgeschichtlichen Umstände und weist auf die Bedeutung und den Ablauf des Schreibvorgangs ›an sich‹ hin. Gleichzeitig markiert er die finanzielle Zäsur, die der Roman für sein Leben bedeutete (vgl. zu seinem persönlichen Werdegang und seinen literarischen Arbeiten bis 1931 die Zeittafel, Kap. VII).[1] In einem Brief vom 2. Juli 1932 an Bernard von Brentano deutet Fallada die Möglichkeit eines zweiten Teils unter dem Titel »Die Siedler« an, der jedoch nie geschrieben wurde. Unter dem Titel *Fröhlichkeit und Traurigkeit* erscheint am 2. Februar 1932 in der *Frankfurter Zeitung* eine Erzählung, die als eine Variante des »Nachspiels« gelesen werden kann (vgl. dazu Kap. I, Anm. zu 380,2/331,2).

---

1 Vgl. Hans Fallada, *Heute bei uns zu Haus*, Reinbek b. Hamburg 1995, S. 24–26.

1. Entstehung, Vorabdruck und Buchausgaben

a) Entstehung

Hans Fallada:

»Meine Damen und Herren, will ich Ihnen etwas vom Werden und Wollen meines Romans *Kleiner Mann – was nun?* erzählen, so muss ich mit dem Geständnis anfangen, dass ich nie die Absicht hatte, dies Buch, solch ein Buch zu schreiben. […]

Aber wie ist das denn? Da sind also diese beiden jungen Leute, von denen wir so hübsch geträumt haben – und wovon werden sie, nebenbei bemerkt, leben? Nun, er wird sein Geld schon verdienen müssen, mein neuer Held, der Pinneberg. Sein Geld verdienen in heutiger Zeit –? Keine ganz einfache Sache – und dann droht womöglich der Abbau und vielleicht wird er stempeln gehen müssen – [*das Folgende ist im Manuskript gestrichen:* das kennen wir ja alles selbst ganz gut, denn unser Lebtag sind wir kleine Angestellte gewesen]. Also, ich sage zu meiner Frau: ›Weisst du, so ganz glatt wird es doch nicht gehen, mit meinen jungen Leuten. Ich seh da ein paar Schwierigkeiten für ihre glückliche Ehe. Ich will mir mal Material über die Lage der Angestellten ansehen …‹

›Musst Du das?‹ fragt meine Frau, und mit dieser Frage hatte sie natürlich vollkommen recht, wenn man netto zwanzig Jahre Angestellter gewesen ist, […] so braucht man eigentlich kein Material anzusehen. Man hat genug davon im Leibe. […] Aber ich sammelte nun eben *doch* Material, ich las dicke Bücher, in denen statistisch das stand, was ich selbst am eigenen Leibe erfahren, – und dann war da noch die Sache, dass mein Pinneberg durchaus in der Herrenkonfektion arbeiten sollte, das hatte ich mir nun mal in den Kopf gesetzt. Nun habe ich in meinem Leben viele Berufe gehabt, aber Anzüge habe ich nie verkauft. Doch auch das gelang […].

Nun, nach all dem Gesagten, wird es Sie kaum überraschen, dass es wieder genau so eine schwierige, langwierige, schwere Arbeit wurde, wie bei den Bauern und den Bomben, wie bei jedem Roman noch. [...]
Und unterdessen geht es weiter in mir, es ist wie ein Rausch, ich überschreite mein Quantum, ich schreibe in einem Tag das zweifache, das dreifache Pensum. [...]
Nun schön, man hat mir nicht nur Lobendes gesagt, man hat mich vor allem in vielen Briefen gefragt: warum weisst du keine Antwort auf die Frage: Kleiner Mann – was nun? *Ich* weiss schon eine Antwort und ich habe sie ja auch hingeschrieben, meine Antwort heisst Lämmchen. Aber ebensogut weiss ich, dass dies nur eine Einzelantwort ist, dass es keine Antwort gibt, die für alle gilt. Es gibt nur private Antworten, für jedes Schicksal eine andere, ich habe es gut gemeint mit meinen Pinnebergs, hätte ich es denn durchaus übel meinen sollen mit ihnen? [...]
Nun habe ich sicher nicht gewollt, dass die Leute sich Sachen kaufen sollen, die sie nicht gebrauchen können, aber richtig ist es schon, *das* hab ich gewollt, dass sie ein bisschen netter zueinander sind, dass sie sich nicht unnötig auf die Zehen treten, dass sie ein wenig daran denken, wie dem anderen manchmal zu Mute ist. [...]
Das habe ich also gewollt. Nicht mehr.«

Hans Fallada: Zur Entstehung. Unveröff. Rundfunk-Manuskript. – Mit Genehmigung des Fallada-Archivs, Feldberg.

b) Vorabdruck und Buchausgaben

Als Vorabdruck erschien der Roman zunächst vom 20. April bis 10. Juni 1932 (Ausgaben Nr. 190–278) in einer bearbeiteten Fassung in der *Vossischen Zeitung* des Berliner Ullstein-Verlags. Genau am letzten Tag der Serie wurde die Buchausgabe ausgeliefert. Für diese im Rowohlt-Verlag erschienene Erstausgabe fertigte der Graphiker und bildende

Künstler George Grosz eine doppelseitige Einband- und Umschlagzeichnung (ab der zweiten Auflage nur noch für den Schutzumschlag) an.[2] Der Preis wurde auf 4,50 RM für die kartonierte und 5,50 RM für die leinengebundene Ausgabe festgelegt und rangierte damit im oberen Preissegment der damaligen Neuerscheinungen. Gleichzeitig machte der Preis das Buch für viele unerschwinglich. Bereits im gleichen Jahr erschien die zweite (11.–20. Tausend), dritte (21.–30. Tausend), vierte (31.–35. Tausend) und fünfte Auflage (36.–48. Tausend). Bis Ende 1933 publizierte der Rowohlt-Verlag weitere Auflagen mit insgesamt 80 000 Exemplaren. Die Schutzumschläge wurden nun von dem Grafiker Walter Müller-Worpswede gestaltet. Das Buch wurde in etwa 50 Regionalzeitungen nachgedruckt und in das Programm der Buchklubs aufgenommen. Bis zum Jahresende 1932 erhielten zehn ausländische Verlage die Rechte zur Übersetzung des Romans. Auch während der Zeit von 1933 bis 1945 hielt dieses Interesse an.[3]

1934 erschien eine zweite »Volksausgabe«. Darüber hinaus gab es einige inhaltliche Veränderungen, die sich vor allem auf die Darstellung der SA und die Bewertung des Nationalsozialismus bezogen. Da Fallada sie sehr genau einarbeitete, blieb der ursprüngliche Umfang erhalten. Mit dem Erscheinen der zweiten Ausgabe wird auch die Zählung unübersichtlich. Es wurden jedoch bis 1938 mehr als 100 000 Exemplare gedruckt.

Im Fallada-Archiv in Feldberg sind 753 Rezensionen des Romans gesammelt. Diese Vollständigkeit ist vor allem der Pedanterie (und der Eitelkeit) Falladas zu verdanken. Patricia Fritsch bezeichnet ihn demzufolge treffend als seinen »ersten Rezeptionsforscher«.[4]

---

2 Vgl. dazu auch den Brief an Käthe Asch, im vorliegenden Band S. 85 f.

3 Vgl. *Kreuzzeitung* (Berlin), 30. August 1935; *Bremer Nachrichten*, 10. September 1935; *Thüringische Staatszeitung* (Weimar), 31. Oktober 1935.

4 Fritsch (1989), S. 4. Diese Arbeit enthält im Anhang auch eine Auflistung sämtlicher im Archiv enthaltenen Rezensionen.

Umschlag der Taschenbuchausgabe des Romans, 1950 (rororo Nr. 1),
gestaltet von Karl Gröning jun. und Gisela Pferdmenges

Im Jahr 1950 erschien der Roman zunächst in Westdeutschland – als erster Band der Reihe »Rowohlts Rotations-Romane (rororo)« mit einem die kleinbürgerliche Idylle be-
tonenden Umschlag von Karl Gröning jun. und Gisela
Pferdmenges (von dieser Ausgabe wurden bis 1991 rund
800 000 Exemplare verkauft) – und vier Jahre später, trotz
einiger Vorbehalte, in Ostdeutschland in der Reihe der
»Deutschen Volksbibliothek« des Aufbau-Verlags.[5] Beide
Ausgaben – wie alle folgenden – entsprechen dem Textstand
von 1932.
Neben einer gekürzten Schulausgabe aus dem Jahre 1966
(Kopenhagen) erschienen verschiedene Lizenzausgaben in
der Buchgemeinschaft Donauland (1966), der Büchergilde
Gutenberg (1977), der Europäischen Bildungsgemeinschaft
(1977) und dem Deutschen Bücherbund (1991, mit einem
Vorwort von Hellmuth Karasek). Die Rechte liegen derzeit
beim Aufbau-Verlag.

2. Rezensionen

ARNO SCHIROKAUER:

»Vor ein paar Jahren erschien Döblins Roman *Berlin Alexanderplatz*, in dem gezeigt wurde, wie der Prolet Franz Biberkopf, Nichtschwimmer im großen Bassin Berlin, auf den
Grund stößt, der sich als Morast erweist, obgleich mehrere
florierende Asphaltwerke Tag und Nacht für seine Festig-
keit sorgen. Unmöglich, bei Falladas *Kleiner Mann – was
nun*, der jetzt im Rowohlt-Verlag erschien, nicht an
›Franze‹ zu denken. Aber unmöglich auch, zu verkennen,
daß Falladas Buch eine viel weitere Gültigkeit, ja Endgültig-
keit besitzt. [...]

---

5 Siehe hierzu auch das Vorwort von Max Schroeder, im vorliegenden Band
 S. 122 ff.

Fallada, ehemaliger Angestellter, ergreift das Thema, das vom Zeitalter ihm wirklich zugeworfen ist: Einem Volk von ›Kleinen Männern‹ wird mit Unerbittlichkeit und Konsequenz an einer Gestalt, in der jeder sich wiedererkennen muß, gezeigt, wie lahm sie sind, wie blind, wie totgeboren, wie aussichts- und einsichtslos. Kaulquappen zwischen gierigem Raubzeug, wedeln sie mit ihren Stummeln von Hoffnung, Ideal, Fleiß und Sparsamkeit, bis sie geschluckt werden. Die Wetter der Zeit treffen sie, die zu viele sind, um einen Wert zu haben, schutz- und hilflos.
[...] Erfunden, Menschen glücklich zu machen, dient der Moloch Wirtschaft heute seinen Oberpriestern, Menschen zu unterjochen. Er funktioniert, indem er mit Seelen geölt, mit Seufzern geschmiert, mit Tränen gekühlt und mit Schreien angefeuert wird. Da ist der kleine, patente Pinneberg, da ist Lämmchen, seine Frau, der er in Liebe und Sorglosigkeit einen Murkel gemacht hat. Da sind die drei, lieben sich, tun sich nach Kräften Gutes. Aber um sie fliegen die Lassos der ›Wirtschaft‹, und schon sitzt Pinneberg in der Tinte[.]«

A. Sch.: Kleiner Mann. In: Das Tagebuch (Berlin). 18. Juni 1932. – Mit Genehmigung von Annette Goodall, USA.

ALFRED MALTHAUER:

»Von einem Erwerbslosen erhalten wir folgende Buch-Besprechung:
Oh, seid doch nur einmal ganz ehrlich, ganz aufrichtig, und lest dieses Buch mit eurem Herzen.
Seid einmal nicht eingebildet und nicht gescheit, oder was weiß ich sonst, und freut euch über dieses Buch.
[...]
Denn dieses Buch, das ist gut, das ist schön, das ist herrlich. Durch dieses Buch geht als eine ›Lichtgestalt‹ als große, tiefe Freude das Lämmchen. Ihr wißt nicht, wer das Lämmchen

ist, nicht wahr? Aber ich sage euch, und es ist mir heiliger
Ernst, mit dem ich es euch sage, ihr müßt dieses Lämmchen
kennenlernen. Alle, alle. Die Frauen ebenso wie die Männer. Die Jungen ebenso wie die Alten. Von diesem Lämmchen sollt ihr lernen, wie man dieses armselige Leben an-
packt und es gestaltet und Ja zu ihm sagt. Wie man sich
nicht kleinkriegen läßt, wie man auch im Schlimmsten noch
das Gute sieht, das darin oder dahinter verborgen ist.
[...]
Ja, ja, glaubt es mir, wenn ihr nur etwas, nur ein klein wenig
lernt von unserem Lämmchen und unserem Heilbutt, dann
wird die Welt um dieses Etwas, um dieses Kleinwenig besser sein und heller und freudiger. Versprecht mir, versprecht
mir mit einem festen Händedruck, daß ihr dies Buch lest,
daß ihr es mit eurem Herzen lest und in eurem Herzen mit
euch herumtragt.«

Alfred Malthauer: Ein Arbeitsloser über einen
Zeitroman. Hans Fallada, *Kleiner Mann – was
nun?* In: Tempo (Berlin). 5. Jg. Nr. 142. 20. Juni
1932.

Paul Rilla:

»Es ist die Geschichte des vergeblichen Kampfes um soziale
und wirtschaftliche Sicherheit, den der kleine Mann so lange
kämpft, bis es zu Ende ist, bis er hinabsinkt in die graue
und hoffnungslose Armee der Arbeitslosen. Das Buch hat
die pessimistische Haltung seines Themas. Aber es benutzt
nicht die ausgebleichten Farben des dürren soziologischen
Exempels. Fallada bringt das große Kunststück zuwege, alle
düsteren Konsequenzen des Stoffes zu ziehen und trotzdem
das Leben triumphieren zu lassen, das Leben, das sich dem
Erzähler in wunderbarer Vielfalt dunkel-heller Situationen,
in dem ewigen Gewimmel, den ewigen Hoffnungen und
Niederlagen der Kreatur erschließt. Da ist vor allem Lämmchen, die Frau des kleinen Mannes, die ihm den Sohn ge-
bärt. Ich weiß kein neueres Buch, in dem das Mysterium

Frau und Mann, das Wunder der Mutter- und Vaterschaft
so ergreifende und so tröstende, so großartige und so einfache poetische Gestalt geworden wäre. Drumherum jenes
Berlin der kleinen Leute, der sozialen Zwischenstufen, der
schmarotzenden Randexistenzen.«

Paul Rilla: Lektüre. In: Breslauer Neueste Nachrichten (Breslau). 15. Juli 1932.

HERMANN HESSE:

»Der [...] neue Roman ist ähnlich, aber intimer, herzlicher,
beinahe möchte man sagen idyllischer. [...] Die Wahrhaftig-
keit in der Darstellung des Milieus und der Zeit, die Liebe
zum Kleinen, Einzelnen, ohne Trübung des Blickes für das
Ganze, die unendliche Fülle an schönen, genau und sauber
gezeichneten, liebevoll beobachteten Einzelszenen macht
das Buch zur Dichtung, nicht nur zum Zeitdokument.«

Hermann Hesse: [Rezension]. In: Baseler Natio-
nalzeitung (Basel). 17. Juli 1932. – Wiederabgedr.
in: H. H.: Sämtliche Werke in 20 Bänden. Hrsg.
von Volker Michels. Frankfurt a. M.: Suhrkamp,
2001–02. – © Suhrkamp Verlag, Frankfurt a. M.

KARL SCHRÖDER:

»Fallada stellt einen kleinen Angestellten auf die Beine;
seinen Arbeitskreis in der Provinz, seine Heirat und Ehe;
Stellung in Berlin; Arbeitslosigkeit; Absinken bis zu dem
Augenblick, wo ihn ein Schupo wegen seiner schlechten
Kleidung vom Bürgersteig jagen kann. Er ist erledigt; aber
innerlich wie äußerliche Rettung verspricht am Ende seine
tapfere junge Frau.
[...] Über dies hinaus durchweht das ganze Buch der zarte
und doch kräftige Hauch eines Liebes- und Eheverhältnis-
ses, in dem die Frau die Lebensmutigere ist und damit die
Trägerin in die Zukunft. Soll man noch hinzufügen, daß

auch eine Fülle kleiner sozialer Züge die Handlung durch-
wirken, die mehr indirekt als direkt das kapitalistische System enthüllen, die dem Radikalismus rechts und links Ab-
sagen erteilen und die Erkenntnis herausspringen lassen,
daß diese Schicht Angestellter sich ohne klares Bewußtsein
durch gelbe Organisation noch mehr als nötig dem Unter-
nehmer-Kapitalismus ausliefert, anstatt durch Eigenorgani-
sation, zwar nicht das Absinken der Angestelltenschaft ins
Proletariat aufzuhalten, aber eine andere, bessere Zukunft
für alle bilden zu helfen?
[...]: Fallada stellt mit seinem Helden eine ganze soziale
Schicht dar; eine Schicht, die unrettbar untergeht in ihrer alten Form; die diesen Untergang zahlt mit Arbeitslosigkeit,
Existenzverlust und oft auch mit physischem Tode. Für die
Darstellung solcher Tragödie reicht (auf die Dauer ganz sicher) die Formgebung des Autors nicht aus. Diese Formgebung: eine Art photographischer Realistik, stetiger Dialog
im Unterhaltungston gewürzt mit etwas Pfeffer und Spaß,
bringt am Ende die schwere Gefahr mit sich oder trägt
sie gar schon im Keim, nur das Oberflächenbild zu geben,
eben das Genrebild. Das Problem aber ist furchtbar ernst;
tief verschlungen ins Wurzelgewirr gesamtgesellschaftlicher
Tragödie. Fallada muß tiefer greifen, tiefer mitringen an der
revolutionären Antwort auf diese Probleme. Es darf am
Ende eines solchen Werkes nicht bei 16- und 60jährigen
gleicherweise das Gefühl entstehen, das Buch war amüsant
und köstlich zu lesen; einschließlich sogar des Schlusses. –
Erfolg kann schwächen; Erfolg kann stärken. Widerstehe
dem Erfolg, Fallada, und werde stark!«

Karl Schröder: [Rezension]. In: Sozialistische Bildung (Berlin). Bücherwarte. Juli 1932.

HERRMANN MOSTAR:

»*Bauern, Bonzen und Bomben* hieß Falladas erstes Buch –
Kleiner Mann, was nun? sein zweites. Die Titel bezeichnen
einen Weg: der erste trägt ein wenn auch unsichtbares Aus-
rufungszeichen, der zweite ein deutliches Fragezeichen; der
erste schreit, ruft auf, der zweite lockt leise, erwärmt. Haß
und Liebe ist in beiden Büchern, Haß gegen die Unterdrük-
kung und Liebe zu den Unterdrückten; aber wenn im ersten
Buch der Haß fast autonom war, so wird er im zweiten nur
zur Folie der Liebe. Und so ist es gut, denn der soziale Roman unserer Tage entwickelt den Schneid der Empörung
und die Schärfe der sozialen Einsicht nur zu oft auf Kosten
der menschlichen Wärme. Nun, dies Werk, das von der ersten bis zur letzten Zeile aus antikapitalistischer Weltanschauung erwachsen ist, ist völlig frei von Theorie und
Konstruktion; nirgends wird gepredigt, geredet, überall ist
Gestaltung, überall und alles wird erlebt, gefühlt. Es ist eine
seltsame Sache: der kleine Angestellte Pinneberg und seine
kleine Frau Lämmchen und sein kleiner Junge Murkel [...]
müssen alles Leid, allen Ingrimm, alle Not auskosten bis zu
Neige, die kleinen Angestellten nur beschieden sein können: Abhängigkeit von verständnislosen Chefs oder böswil-
ligen Kollegen oder sinnlosen Rationalisierungssystemen,
Ausbeutung, Entlassung, Exmittierung – und doch tritt
man aus der bitteren Kälte solchen Lebens immer wieder in
eine Wärmestube, wenn man von Lämmchen und ihren beiden Jungen liest; die Seiten knistern von Herzlichkeit wie
Holzscheite im Ofen. Und das macht keinen Kampfbereit-
ten schläfrig, im Gegenteil: der warme Raum dieses Buches
macht wieder stark zum Kampf um das Recht Pinnebergs
und Lämmchens und aller Proleten, macht stärker als der
zündendste Aufruf.«

Herrmann Mostar: Das neue Buch. Hans Fallada:
Kleiner Mann – was nun? In: Vorwärts (Berlin).
49. Jg. Nr. 386. 17. August 1932 (Abendausgabe). –
© Michaela Lentz-Mostar, Vence.

HANNS JOHST:

»Ganz ähnlich steht es um Hans Falladas *Kleiner Mann was
nun?* (Rowohlt, Berlin). [...] Leider bringt er nun nur noch
zivilisatorische Geräusche zu Gehör. Fleißiger Beschrieb einer faulen Armeleutewelt, neue Sachlichkeit mit dem alten
Mitleid des Naturalismus. Kurz: Alle Vorzeichen negativ
und zuletzt ein Fragezeichen: ›Kleiner Mann was nun?‹ Pinneberg, der kleine Mann, ist trostlos: ›... Die Polizei ... her-
untergestoßen haben sie mich vom Bürgersteig ... Wegge-
jagt haben sie mich ... wie kann ich noch einen Menschen
ansehen ...?‹ 364 Seiten Prosa sind für solch einen Wasch-
lappen um 360 zuviel.
Selbstverständlich gibt es Hunderttausende von dergleichen
kleinen Männern in der Welt – hat es immer gegeben – wird
es immer geben ... Der Blickpunkt auf diese Minderwertig-
keit ist aber allmählich überlebt. Nicht dieses lasche Mitleid
mit den wehrlosen Opfern ihrer Umwelt, sondern das Leiden wehrhafter Charaktere gilt es endlich wieder einmal zu
gestalten!«

Hanns Johst: [Sammelrezension]. In: Velhagen &
Klasings Monatshefte (Berlin). 47. Jg. H. 1. September 1932. S. 92–93.

CARL ZUCKMAYER:

»Über den Fallada jedoch kann man sich ungeniert äußern,
er hat das Recht auf die Tarnkappe, unter der er lange ge-
haust haben mag, verwirkt, er gehört uns mit Haut und
Haaren, er ist ein Besitz geworden und wird es bleiben! Er
hat etwas geschaffen, was weit über den sogenannten ›Zeit-
Roman‹ hinausgeht, auch weit über die Kategorie des Nur-
Realistischen, Abgeschilderten, Aus-der-Nähe-Gesehenen;
– er hat eine Welt voll Enge, Dumpfheit, Muffigkeit, voll
schlechter Luft und üblen Odems, so zart gedichtet, so zart
und stark, daß sie erlöst wird aus ihrer Finsternis, und Duft,
Glanz, Wärme bekommt: den Duft der Jugend – den Glanz

der heimlichen Hoffnung, die nicht ersterben kann, so lange
ein Herz schlägt – die Wärme der wahren, der unverlognen,
der einzig schöpferischen Liebe zum irdischen Wesen, zur
Kreatur, ohne die es auf der Welt niemals einen Dichter gab
und geben wird.
[...] Das ist das Wunderbare an dem Buch: es schenkt un-
merklich, und ohne daß man der Gebärde des Schenkens
gewahr wird, das Notwendigste, das Seltenste, das Mensch-
lichste, was es auf der Erde gibt: Vertrauen.«

Carl Zuckmayer: Ein Buch. In: Vossische Zeitung
(Berlin). 7. September 1932. – Mit Genehmigung
der S. Fischer Verlag GmbH, Frankfurt am Main.

KARL DÖRR:

»Es ist kein erfundener Roman, kein schön erdichtetes
Phantasiegebilde, sondern ganz nüchternes Leben, so, wie
es zu Hause, im Geschäft, im Büro, auf der Straße gelebt
wird, es ist der *graue Alltag,* der hier vor uns aufgebaut
wird mit der Gestaltungskraft eines Dichters.
Dieser Roman beginnt nicht mit der romantischen Mond-
scheinserenade und endet auch nicht mit dem obligaten
courthsmalerischen Happyend, sondern er setzt gleich mit
der beschleunigten Ehegründung ein und endet in der beinahe geschenkten Laubenhütte der verbotenen Arbeits-
losensiedlung. [...] Es ist eine gute Proletarierehe, die ohne
himmelhochjauchzendes Glück ist, aber auch ohne die
sprichwörtliche Todesbetrübnis. Es ist eine Ehe, die von
zwei famosen Menschen geführt durch alle Fährnisse des
heute so wilden Lebens und auch nicht scheitert an den Gefahren des bitteren Elends. [...] Es wird gekämpft bis zur
letzten Minute, und trotzdem kann der kleine Angestellte
nicht verhindern, daß er *arbeitslos* wird. Es ist nicht seine
Schuld! Es ist Schuld der *kapitalistischen Profitwirtschaft,*
der Krise, des wirtschaftlichen Chaos!
[...] Er, der Verkäufer Pinneberg, ist ja ein kleiner Wicht,

denn er ist in einem gelben Verband organisiert, schmiert, wenn es sein muß, seine Kollegen, die nicht besser sind wie er, an, kriecht, wo es um Brot und Stellung geht! Also kein tapferer Mann, der gerade steht und klassenkämpferisch das Leben bezwingen will. Ein *typischer Stehkragenprolet*, der erst zur Besinnung kommt, als ihm die Zeit den Stehkragen ausgezogen hat, als er kragenlos in dem großen Berlin umherirrt und kein besserer Angestellter mehr ist.

[...]

Was wir diesmal lesen, ist das *beste* Buch über das Leben von heute, es ist schlicht, aber packend geschrieben, es wird nicht etwa das Leben reportagehaft beschrieben, sondern es ist das Leben selbst, *das zu uns spricht.* Szenen sind mit starker Realistik hingesetzt, so wirklichkeitsnah, daß man glaubt, selbst der Handelnde zu sein. [...]

Es ist ein Buch, mit Einbanddeckenzeichnung von Georg Grosz, das in jeden Arbeiterhaushalt gehört, auf den Tisch jeder Arbeiterfrau, denn es ist *ihr* Leben, das hier atmet, *ihre* Freude, die strahlt, *ihr* Elend, das bildhaft stark gestaltet ist.

[...] Es ist auch zugleich ein *soziales Anklagebuch*, denn die ausbeuterischen Methoden der einzelnen Unternehmer, ob groß oder klein, werden mit einer ätzenden Schärfe angeprangert und mit klarer Eindeutigkeit dargestellt.

Ein Buch, das man gelesen haben muß!«

Karl Dörr: Kleiner Mann – was nun? Das Schicksal des kleinen Angestellten Pinneberg. – So ist das Leben. In: Freie Presse (Wuppertal). 10. September 1932.

KARL BERMEITINGER:

»Anekdotisierung, Idyllisierung, – das sind in diesem Buch die Mittel, mit denen das Leben des Angestellten Pinneberg zerstückt und dem Leser ausgeliefert wird. [...]

Ich verlange durchaus nicht, daß in diesem Roman das Le-

ben des Angestellten hätte soziologisch untersucht werden
sollen. Im Gegenteil: die Dichtung halte sich vom soziologischen Analysieren fern! (Aber: weil in der soziologischen Untersuchung Kracauers *Die Angestellten* der *ganze*
Mensch dargestellt ist, so ist in diesen ›soziologischen‹ Angestellten Kracauers mehr Dichtung als in den gedichteten
Angestellten Falladas, die Stückchen sind und nicht einmal
mehr als Material für eine soziologische Untersuchung zu
verwenden.)«

Karl Bermeitinger: Hans Fallada: *Kleiner Mann,
was nun?* In: Frankfurter Zeitung und Handels-
blatt (Frankfurt a. M., Mittagausgabe). 11. September 1932.

HERMANN LOBBES:

»Ach, er ist ja nur einer von Millionen, ein kleiner, durch-
schnittlicher Mensch in einer riesigen Maschinerie. Minister
halten Reden an ihn, ermahnen ihn, Entbehrungen auf sich
zu nehmen, deutsch zu fühlen, sein Geld auf die Sparkasse
zu tragen und die staatserhaltende Partei zu wählen. Er tut
es, und er tut es nicht, je nachdem; aber er glaubt ihnen allen nichts mehr, garnichts. Und je länger er bei Mandel ist,
je tieferen Einblick er gewinnt in die Praktiken und Möglichkeiten moderner Geschäftsgebarung, Entartungserschei-
nungen der heutigen Wirtschaftsform, gegen die sein mora-
lisches Empfinden protestiert und die ihm weder verzeih-
lich noch zweckvoll erscheinen wollen, [...].
So kämpft er von Tag zu Tag, von Woche zu Woche. [...]
Dieser Aufriß ist ein wahrhaft erschütterndes und tief er-
greifendes Dokument menschlicher Ohnmacht gegenüber
jenen unheimlichen Mächten, von denen heute das Wohl
und Wehe breiter Volksschichten bestimmt wird, ist der lei-
denschaftliche Protest gegen eine Gesellschaftsordnung, die
den ungeschützt zwischen den Klassen Stehenden, dem
Heer der kleinen Angestellten, kaum eine Möglichkeit bietet, sich gegebenenfalls gegen gewissenlose Übergriffe wirk-

sam zur Wehr zu setzen. Der Prototyp dieser Schicht zwischen Armen und Besitzenden, ein Prolet mit Bügelfalte und gestärkter Wäsche, aufgewachsen im bürgerlichen Bereich und in bürgerlichen Vorstellungen, bürgerlich deshalb auch in seiner Weltanschauung, seinen Gewohnheiten, seinen Lebensansprüchen – und dennoch sozial nicht besser gestellt als der Arbeiter, ja hilfloser als dieser, weil ohne den Rückhalt der großen, kämpferischen Organisationen – der Prototyp des kleinen Mannes zwischen zwei Stühlen: das ist Johannes Pinneberg.«

Hermann Lobbes: Hans Falladas neuer Roman: *Kleiner Mann – was nun?* In: Hamburger Fremdenblatt (Hamburg). 1. Oktober 1932.

HANNA HERTZ:

»Der kleine Verkäufer Johannes Pinneberg ist nur einer von vielen Millionen. Die soziale Unruhe unserer Zeit durchzittert auch sein kleines Leben. Er ist kein Held und kein Kämpfer, viel weniger bewußt und klar als seine tapfere Frau, das Lämmchen, die ihrem ›Jungen‹ manche derbe Wahrheiten mit auf den Weg geben muß. [...]
Was dieser kleine Mann will, ist doch nur ein wenig Sicherheit für sich und das Lämmchen und den kleinen Murkel, [...].
Wird der kleine Mann Johannes Pinneberg den rechten Weg finden? Wird er begreifen, daß der Boden schwankt auf dem er steht, daß er sich einreihen muß in den Kampf der Millionen, die diese ungerechte Ordnung umgestalten wollen?
Stückchen eines kleinen Lebens sind in diesem Roman aneinandergereiht, aber schon in diesen Stückchen spiegelt sich das Leben und das ohnmächtige Ringen des kleinen Mannes, weil Hans Fallada zu schauen und zu formen versteht.«

Hanna Hertz: Hans Fallada: *Kleiner Mann – was nun?* In: AfA-Bundeszeitung (Berlin). 14. Jg. H. 10. Oktober 1932.

Roman Hoppenheit:

»*Fallada ist der Remarque des Spießerromanes.* Und wie
Remarque sucht er seine Wirkung letztlich im Idyllischen,
in einer etwas merkwürdigen, modischen Abart des Idyllischen, der die Peinlichkeiten des kleinen Alltages ebenso
unerläßliche, aber auch ebenso äußerliche, kulissenhafte Re-
quisiten sind, wie dem weiland pseudoromantischen Idylli-
ker der Mondschein, die schluchzende Nachtigall, das Post-
horn und der rauschende Brunnen. – Das Buch kann wohl
Erfolg haben, vielleicht sogar einen ›Bombenerfolg‹, es wird
dadurch nicht wichtiger werden und nicht wesentlicher,
aber auch nicht schlechter oder verdammenswürdiger.
Modebestimmte Durchschnittsware, von einem Verfasser
stammend, der – und dies im Gegensatze zu Remarque – im
Grunde allerdings doch wohl mehr könnte als nur das, was
er hier geboten hat.«

Roman Hoppenheit: [Sammelrezension]. In: Der
Deutsche Buchhandlungsgehilfe (Leipzig). 31. Jg.
Nr. 11. November 1932. S. 332 f.

Herbert Ihering:

»Hans Fallada, der Dichter von *Bauern, Bonzen und Bomben*, ist mit seinem neuen Roman (im Ernst Rowohlt-Verlag) *Kleiner Mann, was nun?* zu einem der populärsten
deutschen Schriftsteller geworden. [...]
Kleiner Mann, was nun? [...] greift seinen Stoff aus der Gegenwart und gestaltet ihn. Er verleugnet nicht die Erziehung
zur Sachlichkeit, die das niemals wegzuleugnende Verdienst
der großen Reportageliteratur bleiben wird, aber er führt
darüber hinaus. Oder dahinter zurück? *Auch Kleiner Mann,
was nun?* hat den Zuschuß des Dichterischen. Aber eben:
hier ist es – Zuschuß und nicht Wesenselement [...].
Vielleicht liegt jedoch gerade darin der große Publikumserfolg begründet. Hier ist das Dichterische: das Gefällige, das
Angenehme, das Spannende, das Idyllische, das Sympathi-

sche. Das Schicksal des kleinen Angestellten Pinneberg, seiner Frau ›Lämmchen‹ und seines kleinen Kindes, des ›Murkel‹, läuft behaglich ab trotz aller Schwierigkeiten, trotz aller Nöte. Der Roman macht den Kummer angenehm und
den Hunger liebenswürdig. Die Arbeitslosigkeit ist beinahe
ein Genuß und die Kälte eine romantische Träumerei. *Kleiner Mann, was nun?* ist der beste Ufa-Film des Jahres.
Im Ernst: dieser Optimismus macht den Riesenerfolg des
Buches. Es wird verschlungen in den Bahnen und in den
Büros. Kein Buch wird so verliehen, kein Buch wandert so
von Hand zu Hand. Wie man früher einen Chaplin-Film in
den größten Theatern und in den kleinsten Bumskinos sehen konnte, so wird *Kleiner Mann, was nun?* in allen Le-
benslagen gelesen. (Das soll kein Vergleich mit dem Wert
der Chaplin-Filme sein, aber es gibt Berührungspunkte.)
Fallada ist den Weg des Dichterischen zu weit gegangen.
Dichtung ist hier wieder Verschönerung, Vergoldung. Die
Kraft ist noch da, aber sie ist lyrisch aufgeschwemmt. Die
Grenze zum Kitsch ist eingebogen. *Kleiner Mann, was nun?*
ist der beste Unterhaltungsroman. Aber bedenklich, wenn
man ihn als Typ aufstellen wollte, bedenklich als Vorbild,
bedenklich als Beispiel.
[...] Fallada gibt der kleinbürgerlichen Enge einen leisen Karl
May-Schimmer, einen leichten phantastischen Dreh, einen
kleinen sympathischen Schwindel – und die Wirkung ist
märchenhaft. Niemals ist der Erfolg eines Buches erklär-
licher gewesen als dieser. Niemals ist verständlicher gewesen,
daß alle anderen Wirkungsgebiete, das Theater, der Film, der
Rundfunk nach ihm als Stoff ihre Hand ausstrecken. Die Mi-
schung hat es gemacht. Die Mixtur aus Lebensschwierigkeit
und Lebenshoffnung. [...] Ein Erfolg der Lebenslüge.«

Herbert Ihering: Zu einem Saisonerfolg. *Kleiner
Mann, was nun?* in vielerlei Gestalt. In: Berliner
Börsen-Courier (Abendausgabe). 24. November
1932. – Mit Genehmigung von Kaspar Königshof,
Geltow.

Martha Maria Gehrke:

»Die Masse der Angestellten unterscheidet sich vom Arbeiter-
proletariat darin, daß sie geistig obdachlos ist. Zu den Genossen
kann sie vorläufig nicht finden, und das Haus der bürgerlichen
Begriffe und Gefühle, das sie bewohnt hat, ist eingestürzt ...
[...]
Seitdem man von den Helden schlechthin auf die ›Helden
des Alltags‹ gekommen ist, hat sich das Gesicht des bürgerlichen Romans beträchtlich gewandelt. Allmählich ließ man
den Helden überhaupt weg und hielt sich an den Alltag und
den Alltäglichen. Fontane hat das, im Rahmen des Groß-
bürgerlichen, am Schönsten gekonnt. Später kamen wieder
die Helden dran, aber die von unten, die Proleten. Und jetzt
sind wir beim Kleinbürger.
[...]
Zunächst muß gesagt werden, daß die ganze Pinneberg-
Lämmchen-Murkel-Geschichte bezaubernd geschrieben ist,
nicht wie ein Roman, nicht wie ein Soziologiewerk, geschweige wie eine Tendenzschrift, sondern eben wie eine
Geschichte ›aus dem Leben‹, der man dies zu Unrecht in
Mißkredit geratene Charakteristikum getrost wieder als
Lob anhängen darf. [...] Da stehen Dinge, die man tausend-
mal gehört hat und die grade in dem Zusammenhang, in den
Fallada sie setzt, zum ersten Mal ihren Sinn deutlich zu machen scheinen. [...] Kaum je haben wir so gut wie hier begriffen, daß großes Glück und noch mehr großes Unglück
des Lebens aus den Kleinigkeiten kommen; gesagt hat man
es immer – gezeigt hat es wohl noch keiner so gut wie Fallada. Neuer Naturalismus? Gewiß. Aber Naturalismus ohne Schwarz-Weiß-Manier, ohne Tendenz, ohne in Worte
gefaßte soziale Anklage. Da liegt, um es mit einem revolutionären Titel auszudrücken, der Hund begraben.«

Martha Maria Gehrke: Romanze vom Stehkragen-
proleten. In: Die Weltbühne (Berlin) 29. November 1932. – Mit Genehmigung von Gertrud
Baacke, Hemmingen.

Helmuth Langenbucher:

»Man kann sich ja nur freuen, wenn eine wertvolle Dichtung heutzutage allgemeine Zustimmung findet; aber es wirkt lächerlich und erfüllt mit Skepsis gegen Verfasser, Buch und Kritik, wenn jeder meint, um ja nicht zu spät zu kommen, den superlativsten Superlativ hinausschmettern zu müssen über ein Buch, das, man darf es ohne Böswilligkeit sagen, literarisch gemessen, keinesfalls mehr als durchschnittliche Bedeutung besitzt; ein Buch, in dessen Mittelpunkt zwar das uns allen auf den Nägeln brennende Problem der Arbeitslosigkeit steht; das von diesem erschütternden Lebenszustand mehrerer Millionen deutscher Menschen letzten Endes aber doch nichts anderes zu geben vermag als gefällige Kleinmalerei, die sich nicht ohne Geschick sentimental schillernder Farben bedient. [...]
Zur Sache: Hans Falladas Murkel-Epos ist ein recht geschickt gemachtes Buch [...], aber eine *Dichtung ist es nicht*. [...] Die Atmosphäre, in der das Leben der Beteiligten vor sich geht, ist gehoben proletarisch zum Kleinbürgerlichen hin und etwas verdorben: ein wenig Verbrechen, ein wenig Kuppelei, ein wenig Frei-Körper-Kultur und viel muffige Menschlichkeit, Brotneid, Hinterhältigkeit, Perversitäten und dergleichen. Dazwischen drin, im Rahmen ihrer Welt, recht sympathisch, das ›Helden‹-Pärchen: Johannes Pinneberg und seine Frau genannt Lämmchen. Er: gutmütig, harmlos, manchmal fast ein bißchen trottelhaft; Lämmchen heiratend, weil er als anständiger Kerl nicht gut anders kann; seine Stellungen verlierend, weniger aus Notwendigkeit, als aus Mangel an Fähigkeit zu klarem Handeln; sie: ein praktisch denkendes Wesen, treuherzig, zuversichtlich, tapfer und gut, für Johannes Pinneberg die richtige Frau. Der Bruch der Geschichte liegt dort, wo Pinneberg arbeitslos wird, an dem Punkt also, der der Angelpunkt für jede dichterische Gestaltung der grauenvoll realen Tatsache: Arbeitslosigkeit sein müßte; jener Tatsache, die des ersten

menschlichen Rechtes, des Rechtes auf Arbeit, spottet, dies
Hinausgeschleudertsein aus dem natürlichen Kreislauf des
Lebens eines Menschen, eines Volkes und jeglicher Gemeinschaft bedeutet. Es ist nichts in diesem Buche, das aus über-
individueller Notwendigkeit geschähe; Johannes Pinneberg
müßte keineswegs arbeitslos werden […]; und Murkel […]
müßte durchaus nicht geboren werden und da sein, da es am
Schicksal Arbeitslosigkeit […] gar nichts ändern würde,
wenn Pinneberg kein Kind oder wenn er deren sieben hätte.
Dieses Drum und Dran, das, oberflächlich betrachtet, natürlich scheußlich ist, ist, der platten Realität nach gewertet,
letzten Endes eine Sache der Unterstützung und Wohlfahrt.
Aber Schicksal, grausames, furchtbares Schicksal, das in seinen Auswirkungen für den biologischen Fortbestand eines
Volkes wie des unseren von unabsehbaren Folgen sein kann
und wird, ist, daß heute ungezählte Tausende, die von Le-
benskraft und Lebenswillen strotzen, langsam abgewürgt,
gemordet werden von dem Gespenst der Arbeitslosigkeit.
Und Schicksal ist, daß die von diesem Gespenst, überall, wo
es seinen Fuß hinsetzt, zurückgelassene seelische Not (von
der leiblichen nicht zu reden) an einem Tage mehr an Le-
benskraft frißt, als die dadurch in immer sich steigerndem
Maße sich entnervende Gemeinschaft in vielen Jahren wieder aufbauen kann. *Davon* aber steht in Falladas Buch kein
Wort – und weil ihm jedes Schicksalsgefühl fehlt, darum ist
es keine Dichtung; und weil Fallada sich um diese Notwendigkeit herumredet, darum ist er, in diesem ›Kleinen Mann‹
wenigstens, und den haben wir nun einmal zu beurteilen,
nicht der Dichter, sondern nur der *Remarque der Arbeitslosigkeit*. Es herrscht eine eigentümliche Angst vor der Tiefe,
und es ist überall nur ein Hintappen an das, worauf es ankommt. […]
Es ist eigentlich schade, denn Hans Fallada kann schon erzählen, und wenn er die alte Frage nach Sinn und Gehalt
der Kunst, die Frage: *Ethos* oder *Moral*? zugunsten des
Ethos beantwortet hätte, hätte aus seiner Absicht, einen

Arbeitslosenroman zu schreiben, wenn auch nicht die Arbeitslosen-Dichtung (wozu die abgedroschenen Superlative?), so doch ein Werk entstehen können, das vom Künstlerischen her auch die zunächst noch Unbeteiligten an eine den Volksbestand bedrohlich angehende, verhängnisvolle, allgemeine Lebenstatsache warnend und mahnend hätte heranführen können. So aber hat er nur ein wenig moralisiert.«

Helmuth Langenbucher: Bücher vom Hunger nach Arbeit und Brot. Naturalismus mit Goldleiste. Berliner Börsen-Zeitung (Berlin). 15. Januar 1933.

H. A. WYSS:

»Dann kommt der ›kleine Mann‹. Die Kritik ist streng, eher kühl, meint, es sei ein Augenblickserfolg und hat nirgends den vollen, überzeugenden Ton des Eintretens; die Leserschaft indes aus allen Kreisen verschlingt das Buch, jubelt, kann nicht genug davon bekommen. Die Verleger rennen herbei, alle möchten ›Lämmchen‹ haben, ›Lämmchenbücher‹ sind die unerhörte Chance kommender Jahre. [...]
Er [der Dichter] ist nicht zufrieden mit der Komposition, rein handwerksmäßig nicht, vieles ist angefangen und besitzt keine Fortführung, von dem man zwar glauben könnte, es sei absichtlich nur Episode. Dann ist er aber auch deshalb gegen das Urteil des Publikums, weil es anstrengenden Büchern keine Gunst schenkt. Es ist wahr, Der *Kleine Mann – was nun?*, das Buch vom ›Lämmchen‹, ist ein Erholungsbuch, und seinen Haupterfolg dankt es den Frauen. [...] Das ganze Buch ist großartige Reportage; mit der Erscheinung von Lämmchen ist es zur Dichtung erhoben. Es ist nicht zu viel gesagt, daß diese Figur, von der so wenig Tatsächliches dasteht, die Wiederkehr ist der zarten und allgütigen Liebe der Frau, eine wunderbar schlichte, tiefmenschlich empfundene Madonna, die eine Herzenshelle

verbreitet, durch die man die Frau als Kern und Hüterin
überdauernder Gemeinschaft wieder begreift.

Dies bedenkend, meinte ich, die Ausruhbücher seien in der
allgemeinen Durchrüttlung, wenn nicht Zerrüttung, sehr
am Platze, und ob man das Buch nicht als eine seelische Station bezeichnen könnte. Das wäre es wohl, erwidert Fallada, wenn es mit den nächsten Büchern so weiter ginge.
Aber er denkt nicht daran, den ›Lämmchen‹-Spekulanten,
die ihn jetzt bestürmen, den Gefallen zu tun. Man mutete
ihm sogar von einer Seite zu, jetzt eine ganz patriotische Sache zu schreiben, irgend etwas aus Anno 1813. Dichtung
aus glorreichen nationalen Taten auf Bestellung, das wäre
heute Vieler Wunsch. Das Beispiel ist deutlich genug, mit
welchen Versuchungen wirklich das volkhafte Talent zu ringen hat.

[...] Und ein dritter Plan am schriftstellerischen Horizont
wäre die Fortsetzung des *Kleinen Mannes*, aber erst,
wenn der kleine Junge fünf Jahre alt ist und die Eltern
sich im Kinde spiegeln! Bis diese Zeit gekommen sein
wird, hat Fallada die Umgebung der Großstadt verlassen.
Was ist mit diesem steinernen Berlin und seinem Litera-
ten-Betrieb schon los? ›Alles ist zerschwätzt, alles ist
Papier, zuletzt hat man das Gefühl, wo ist das Leben?‹
Hier ist der bleiche leidenschaftlich schwingende Protest,
wie bei Riemkasten gegen die Literatur als Geschäft, gegen die wilde Geschäftigkeit von Verlegern und Autoren.
Fallada ruft sogar nach dem Leben bei Bauern und Köh-
lern, die überhaupt keine Bücher kennen, besser als in
dieser gräßlichen Stadtmaschine zu hausen. ›Ich will Bücher schreiben und auf dem Land leben.‹ ›Mein großer
Traum ist ein Bauerngut.‹ In Mecklenburg soll es sein, an
der See. Lange wird es ja jetzt nicht mehr auf sich warten
lassen.

[...] Aber immer wird Fallada mit dem Sozialen verhaftet
sein und gerade die aus dem Boden geschöpfte Kraft mag
ihm Bestimmung geben, die soziale Wirrnis der Zeit unbe-

stechlich zu sehen und auch das Mehrere zu tun, in seinen
Gestalten die Tiefen des Gefühls wieder zu erschließen, den
über das Schicksal trotzenden Menschen zu bilden.«

H. A. Wyß: Neue Aspekte der deutschen Literatur.
Welterfolg Fallada. In: Neue Zürcher Zeitung,
16. April 1933.

JOHANNA RITTINGHAUS:

»Der Roman *Kleiner Mann – was nun?* begründete, als er
1932 erstmalig erschien, den Ruhm Hans Falladas. Der Titel
wurde zum Charakteristikum von Falladas Schaffen: Fallada ist der ›Dichter des kleinen Mannes‹. [...]
Das Buch hat die Qualitäten eines guten photographischen
Bildes, es ist außerdem gut erzählt. Fallada läßt die heute
fast vergessenen Verhältnisse eines kapitalistischen Betriebes vor dem Leser erstehen, unter den besonderen Bedingungen einer Krisensituation, die die Abhängigkeit der
Menschen vom Unternehmer doppelt kraß in Erscheinung
treten lassen. [...] Es wäre jedoch falsch, dieses Beklagen,
einem sentimentalen Verhältnis zur Gesellschaft entsprin-
gend, mit ernsthafter Gesellschaftskritik zu verwechseln.
Die Bezeichnung ›kleiner Mann‹ kennzeichnet noch in anderer Weise fast alle Gestalten Falladas. Sie sind kleine
Menschen, aller scheinpathetischen, aber auch aller großen,
heroischen Züge entkleidet. Fallada trifft nicht das wahre
Wesen des Menschen. Der Mensch erscheint bei ihm als
Kreatur, die sich nicht wehren, nicht auflehnen kann. [...]
Die liebenswerte und klare Menschlichkeit Lämmchens machen das Buch zu einer erfreulichen Lektüre. [...] Es ist ein
Zeichen für Falladas Ehrlichkeit, daß er die Antwort auf die
im Titel aufgeworfene Frage bewußt schuldig bleibt.
Mit der notwendigen Feststellung, daß Falladas Erkenntnis
begrenzt war, sollen Fehleinschätzungen und Überschät-
zungen des sozialkritischen Gehaltes vermieden werden,
gleichzeitig muß aber dem Buch der richtige Standort einge-

räumt werden. [...] Die Neuherausgabe des Buches ist durchaus zu rechtfertigen, wenn die Vermittler des Buches sich für die richtige Aufnahme beim Leser verantwortlich fühlen.«

Johanna Rittinghaus: Fallada, Hans: *Kleiner Mann – was nun?* Aufbau-Verlag 1954. 313 S. Lw. 2.85 (EfB) (Deutsche Volksbibliothek). Buchbesprechung Nr. 402/1954.

BRIGITTE HUBER:

»*Kleiner Mann – was nun?* ist tatsächlich ein schönes Buch, aber gleichzeitig ein bemerkenswert naives und fahrlässig unpolitisches Buch angesichts der politisch fragilen Zeit, in der es geschrieben wurde und angesichts der Thematik, die es behandelt: Fallada erzählt uns vom unaufhaltsamen wirtschaftlichen Niedergang des Johannes Pinneberg, der [...] sicher auch moralisch vor die Hunde gegangen wäre, wäre da nicht seine Ehefrau [...], die ›ihrem Jungen‹ täglich tapfer Mut zuspricht, [...]. Reichlich konservativ dann das Romanende: ›Der Junge‹ kommt, von Polizei und Bourgoisie [sic] verstoßen, mitten in der Nacht verstört nach Hause, wo ihn sein ›Lämmchen‹ wieder einmal tröstend in die Arme nimmt und den beiden bewußt wird, daß eigentlich nichts wirklich zählt außer der ehelichen Zweisamkeit [...]. Papst Johannes Paul II hätte bestimmt seine helle Freude an solch einer Konklusio: Weshalb denn über Irdisches motzen, wo doch das Jenseits nur besser werden kann?«

Brigitte Huber: Hans Fallada: *Kleiner Mann – was nun?* In: entwürfe für literatur (Zürich). 2. Jg. Mai 1996. S. 89.

3. Briefe an Hans Fallada, Preisausschreiben

Noch während des Vorabdrucks in der Vossischen Zeitung meldeten sich viele begeisterte Leserinnen und Leser bei Hans Fallada. Darüber hinaus bat Fallada Bekannte und befreundete Schriftsteller um ein Statement, das in Annoncen und Werbeaktionen des Verlages verwendet werden konnte. Eine fast vollständige Sammlung der 275 Briefe und Teile der Antworten werden im Hans-Fallada-Archiv, Feldberg, aufbewahrt.[6]

Darüber hinaus wird im Anschluss an den sensationellen Erfolg des Buches[7] der Wunsch der Verlage und einiger literarischer Vereinigungen deutlich, den Autor Fallada für die eigenen Ziele zu gewinnen. Jedoch lehnte Fallada Lesungen, Interviews und jegliche Art von öffentlichen Auftritten ab. Eine Ausnahme bildet das Interview, das er H. A. Wyß für die *Neue Zürcher Zeitung* gab (vgl. S. 77 ff.).

HANS FALLADA an Bernard von Brentano, Brief vom 2. Juli 1932:

»Lieber Herr von Brentano,
Aaaber – was meine politische Einstellung oder die meines Pinneberg angeht, so ist es doch so, daß heute der Angestellte in den meisten Fällen eben nicht Stellung nimmt. Er pendelt – und vor den extremen Parteien hat er einen Horror (solange er noch Stellung hat). Ob ich, der Autor, das für richtig halte, hat meiner Ansicht nach nichts mit dem Buch zu tun. Da will ich nur zeigen: so ist es heute. Wie es

---

6 Vgl. dazu auch Latzkow (1995).
7 Vgl. zu den Auflagenzahlen: *Hans Fallada 1893–1947. Eine Bibliographie*, zsgest. und annotiert von Enno Dünnebier, hrsg. vom Literaturzentrum Neubrandenburg, Neubrandenburg 1993. Vgl. auch im vorliegenden Band S. 58 f.

morgen sein wird? Das Nachspiel meines Pinneberg ist ja
nur ein Ausklang, da wird schon angedeutet, der abgeris-
sene Kragen, daß eines Tages auch Pinneberg sich entschei-
den wird. Diese Entscheidung wird in einem zweiten Teil
fallen: ›Der Siedler‹, den ich allerdings erst in zwei oder drei
Jahren schreiben möchte.
So denke ich, es kann falsch sein, aber ich glaube vorläufig
doch noch, daß es richtig ist. Sehen Sie, der Leser zieht ja
doch seine Schlüsse, und übrigens hat sie meine Hauptfigur,
das Lämmchen, längst gezogen.«

> Fallada an Bernard von Brentano, 2. Juli 1932. Zit.
> nach: Müller-Waldeck. 1997. S. 104. – © 1997 Auf-
> bau-Verlag GmbH, Berlin.

ALFRED KANTOROWICZ an Fallada, Brief vom
25. Juni 1932:

»Sehr verehrter Herr Fallada!
Ihre Hoffnung, die auch die meine war, daß mir Ihr neuer
Roman gefallen würde, hat sich nicht nur erfüllt: ich bin
höchst entzückt und stelle ihn, ob politisch oder nicht beur-
teilt, noch über Ihren B.B.B.-Roman. [...] Es ist ein grosses
Kunstwerk, wie sich schon daran zeigt, daß er in geheimnis-
voller Weise von der Wahrheit des Geschilderten auch da
überzeugt, wo man die Wahrheit aus eigener Kenntnis gar
nicht beurteilen kann. Ich habe z. B. keine Ahnung, wie es
in einem Produktengeschäft einer Kleinstadt zugeht, aber
wenn man Ihr Buch liest, empfindet man, so und nicht anders kann es sein. (...) Sie haben in diesem Werk noch mehr
als in dem früheren poetische Erfindung und soziale Tatsa-
chenkenntnis verknüpft. Der frühere Roman enthielt noch
einige unbelebte Stellen, in dem neuen ist höchstens die Ki-
noszene etwas zu breit (Darstellungen von Darstellungen
sind leicht langweilig). Ich glaube, Sie haben das Zeug zu ei-

nem deutschen Zola! Hoffentlich wird es für Sie und Herrn
Rowohlt ein grosser Erfolg!
Mit besten Grüssen
Ihr ergebenster
Kantorowicz«

> Alfred Kantorowicz an Fallada, 25. Juni 1932. –
> Mit Genehmigung von Ingrid Kantorowicz,
> Hamburg.

Professor Dr. WALTER VON HAUFF, 1. Vorsitzender des
Reichsverbandes für Freikörperkultur, an Fallada, Brief
vom 21. September 1932:

»Sehr geehrter Herr!
Sie haben in dem Roman: *Kleiner Mann, was nun?* auch die
Freikörperkultur erwähnt.
Der Vertreter der Nacktkultur ernährt sich zum Schluss des
Romans durch den Verkauf von Fotografien. Auf diese
Weise wird unsere Bewegung herabgesetzt, und Leute, die
ihr fernstehen, bekommen einen ganz falschen Eindruck davon.
Wie ich höre, soll Ihr Roman nun auch im Ausland erscheinen, und ich bitte Sie, gerade diesen Teil, der geeignet ist,
das Ansehen der Deutschen im Auslande herabzusetzen, etwas abzuändern. Ich wäre Ihnen für Ihre gefällige Nachricht, ob Sie meinem Wunsche entsprechen können, sehr
dankbar.«

> Walter von Hauff an Fallada, 21. September 1932.

FALLADA antwortet von Hauff am 26. September 1932:

»Sehr geehrter Herr Professor von Hauff,
vielleicht könnte es das deutsche Ansehen im Auslande
schädigen, wenn bekannt würde, wie Arbeitnehmer von ihren Arbeitgebern behandelt werden, wie mangelhaft Arbeitslose ihre Kinder ernähren können, wie Verordnungen

und Bürokratie das Leben des ›Kleinen Mannes‹ unnötig
weiter erschweren und tausend Dinge mehr – könnte schädigen, wenn diese Dinge nicht längst bekannt wären.
Aber wie die Tatsache, daß irgendein gleichgültiger Konfek-
tionsverkäufer sich vom Verkauf von Aktfotos ernährt, das
deutsche Ansehen im Auslande schädigen kann, das habe
ich noch nicht herausgekriegt und wäre Ihnen für einen
Fingerzeig sehr verbunden.«

Fallada an Walter von Hauff, 26. September 1932.
Zit. nach: Müller-Waldeck. 1997. S. 109. – © 1997
Aufbau-Verlag GmbH, Berlin.

FALLADA an einen Leser, Ausschnitt aus einem Brief vom
29. September 1932:

»Sehr verehrter Herr Fadiman,
wie ich dazu gekommen bin, den *Kleinen Mann* zu schreiben? Nun einmal bin ich selber mein Lebtag ein ›Kleiner
Mann‹ gewesen, bis ganz vor kurzem immer Angestellter,
ich bin verheiratet, ich hab ein Kind – das gibt genug Parallelen. [...] Aber sechs Millionen Arbeitslose sind auch sechs
Millionen Menschen mit Kindern und Frauen und Verwandten. Aus all dem wäre aber schließlich nicht mehr als
der übliche Elendsroman, Tendenz und Anklage geworden.
Trüb, grau, trostlos. Solche Arbeitslosenbücher gab's natürlich genug, und sie haben mich immer geärgert, gerade weil
ich viele Arbeitslose kenne, mit ihnen nah zusammen lebe.
Ich hab mich geärgert, denn ich weiß, auch diese Leute fei-
ern ihre Feste, auch diese Leute sind fröhlich, es ist einfach
unwahr, daß sie immer nur kummervoll rumschleichen.
[...]
Um es also kurz zu sagen: ich hab den Kleiner Mann geschrieben erstens einmal, weil ich hoffte, ihm dadurch ein
wenig helfen zu können, daß ich auf sein Schicksal auf-
merksam machte, dann aber, weil ich wirklich wahrheitsge-
treu von seinem Leben berichten wollte.

Was ich über das Buch denke? Ich sehe heute aus vielen Briefen an mich, daß das Buch wirklich manchem hilft und Mut gibt und Vertrauen, so freue ich mich seiner und bin glücklich darüber.«

Fallada an Herrn Fadiman, 29. September 1932.
Zit. nach: Ebd. S. 110. – © 1997 Aufbau-Verlag
GmbH, Berlin.

»Haben Sie sich das Lämmchen so vorgestellt?« fragt eine Leserin bezüglich der Deckelzeichnung von George Grosz zur Roman-Erstausgabe in einem Brief an Fallada vom 6. Juli 1932:

»Wir haben an dieser Stelle von unserer Liebe zu der kleinen Frau Pinneberg gesprochen, wir haben es kaum erwarten können, sie – für immer – als Gast bei uns zu sehen (will sagen, das Buch, dessen tapfere und energische Heldin sie ist, unserm Bücherschrank einzuverleiben). Nun ist dieser Gast da, und es ergeht uns oberflächlichen Menschen mit ihm wie oft mit einem neuen Bekannten, den wir etwa bisher nur durch unseren Briefwechsel mit ihm kannten, oder von dem uns jemand viele reizende Geschichten erzählt hatte, den wir aber noch nie sahen. Jetzt hat er uns seine Ankunft gemeldet, wir gehen auf die Bahn, im Falle Lämmchen in den Buchladen, und denken schmerzlich überrascht und sehr, sehr enttäuscht: ›O, wie ganz anders habe ich mir Dich vorgestellt!‹ Anders? Ja, schlanker, hübscher, gepflegter, das Lämmchen, das im ›plissierten weissen Rock und einer Rohseidenbluse um die Ecke weht‹, und das trotz aller Nackenschläge bestimmt nie so zillehaft aussehen wird, wie auf der Einbandzeichnung des soeben bei Rowohlt erschienenen Buches, die George Grosz zu unserem Kummer dem Bande mitgegeben hat.[8] Ha, da haben wir es schon; unser Gefühl hat uns nicht getäuscht. Auf Seite 193 des neuen Buches: ›Und auch Lämmchen gehört dazu (zu dem ›Wirklich-

8 Vgl. die Abbildung im vorliegenden Band S. 87.

gemütlichen‹ Zimmer nämlich) im weiten blauen Kleid mit
der kleinen Maschinenspitze um den Hals, mit dem sanften
Gesicht und der graden Nase‹. Was haben sie mit deiner
Nase gemacht, du liebe kleine blonde Frau?
So war uns in der Kinderzeit zumute, wenn wir die Mär-
chenprinzessinnen unsrer Phantasie im illustrierten Buche
wiederfanden.
Die Aussenseite eines Menschen ist das Titelblatt des In-
nern, sagt ein persisches Sprichwort. Hier ist sie es nicht.
    gez. Käte Asch«

Käte Asch an Fallada, 6. Juli 1932. – Mit Genehmi-
gung des Hans-Fallada-Archivs, Feldberg.

FALLADA antwortet am 29. September 1932:

»Sehr verehrte Frau Käte Asch,
übrigens haben Sie am Ende mit Ihrer Kritik an der Deckelzeichnung von George Grosz recht behalten. Wie Sie vielleicht gesehen haben, sind wir bei der Neuauflage beim
gebundenen Buch zum schlichten Leinenband übergegan-
gen – grau mit ein wenig Gold, wie das Leben des Kleinen
Mannes. Ich für mein Teil liebe ja die Zeichnung von Grosz,
aber ich gebe Ihnen ohne weiteres zu, daß es natürlich ganz
unmöglich ist, bei einer Figur wie Lämmchen, von der sich
die meisten Leser ein sehr deutliches Bild machen, nicht dieses Bild zu enttäuschen. Aber wichtiger ist, und das ist bei
dieser Deckelzeichnung unser wirklicher Fehler gewesen,
daß Grosz’ Stift, mag er wollen oder nicht, immer satirisch
ist, und gerade das widerspricht dem Gehalt des Buches.«

Fallada an Käte Asch, 29. September 1932. Zit.
nach: Müller-Waldeck. 1997. S. 108. – © 1997 Auf-
bau-Verlag GmbH, Berlin.

Auf die Frage eines Lesers nach Lösungen für die Probleme
seines Romanhelden Pinneberg antwortet FALLADA:

Hans Fallada
Kleiner Mann
was nun?

Umschlag der Erstausgabe des Romans (1932)
Zeichnung von George Grosz

»Sehr geehrter Herr Benda,
wenn der Titel meines Buches eine Frage ist, so darum, weil
der Verfasser auch keine Antwort auf jene Fragen weiß, die
Sie ihm stellten. [...] Ich denke so, der Mann hinter dem
Krankenkassenschalter, der meinen Pinneberg abfertigt und
hat gerade das Buch gelesen, er ist vielleicht ein ganz klein
bißchen netter. Ich denke, der nervöse Verkäufer wird nicht
gar zu sehr den verkaufenden Pinneberg angrobsen, wenn
er gerade von ihm und seinen Nöten gelesen hat. Es ist wenig, ich gebe es Ihnen zu, es ist herzlich wenig, aber mein
Buch ist [...] der Glaube an die Anständigkeit des Menschen
und der Appell an diese Anständigkeit. Sie haben Ihre
Nöte, Ihre schweren Nöte und Sorgen, und weiß Gott, ich
wollte, ich könnte Ihnen etwas anderes sagen, als das, was
ich da eben getippt habe. Aber ich weiß nichts anderes, und
ein Narr gibt mehr, als er hat.«

Fallada an einen Leser, 3. November 1932. Zit.
nach: Ebd. S. 114. – © 1997 Aufbau-Verlag
GmbH, Berlin.

DEUTSCHE VERLAGSGESELLSCHAFT, Stuttgart, an Fallada,
Brief vom 25. April 1933:

»Sehr geehrter Herr
Ihr vortrefflicher Roman *Kleiner Mann, was nun?* veranlaßt
uns, die ergebene Anfrage an Sie zu richten, ob Sie uns nicht
ab und zu einmal eine Erzählung, die frei ist von der Behandlung politischer und konfessioneller Fragen sowie ge-
schlechtlicher Dinge, zu unverbindlicher Prüfung übersen-
den wollten. Wir haben das Gefühl, als ob Sie unserm Leserkreis gar viel zu geben in der Lage wären und würden
uns darum außerordentlich freuen, wenn Sie die Freund-
lichkeit hätten, unserer Einladung zur Mitarbeit Folge zu
leisten.«

Deutsche Verlagsgesellschaft, Stuttgart, an Fallada,
23. April 1933. Zit. nach: Ebd. S. 108. – © 1997
Aufbau-Verlag GmbH, Berlin.

Ein weiterer Leserbrief an Fallada vom 26. Juni 1932:

»Lieber Herr Fallada,
meine Frau und ich lasen die Fortsetzungen Ihres neuen
Romans mit doppelter Erlebnisfreude, denn zu uns war
auch gerade ein kleiner ›Murkel‹ gekommen, mit Johannes
und Lämmchen sind wir gleichaltrig, und unser Verhältnis
ist ebenso glücklich wie bei beiden.
Wir kontrollierten aus eigener Erfahrung von Fortsetzung
zu Fortsetzung die dichterische Wahrheit bis eines Tages
Pinneberg abgebaut wurde. Bis dahin konnten wir aus eigener Erfahrung folgen. Im Bewusstsein einer festen Stellung
las ich speziell die folgenden Fortsetzungen nur als Schilderung einer Welt, vor der mir grauste und vor der mich ein
gütiges Schicksal bisher bewahrte.
Doch gemach! – – Eines Morgens – ich hatte in der Nacht
grauenhaft nach der letzten Schilderung von Pinnebergs Erlebnissen als Arbeitsloser geträumt – ereilte mich im Büro
die Nachricht; *abgebaut!*
Nun war wieder Roman und Leben im Einklang und ich
empfand eine schicksalhafte Verbundenheit mit Pinneberg,
wie überhaupt von der ersten Zeile dieses Lebensberichtes
an. Alles sah ich um mich versinken, und nur der Gedanke
an unsern Murkel (wir hatten, als wir das Kind erwarteten
und bevor wir Ihren Roman lasen, immer nur vom Murkel
gesprochen) hielt mich in einer Kampfbereitschaft für die
kommenden Dinge. Ich konnte meiner Frau, die ganz für
das Kind leben und keinen Milchschreck bekommen sollte,
meine Kündigung nicht mitteilen, und *Sie* werden es sich
vorstellen können, wir mir zumute war, wenn wir nun all-
abendlich von Pinnebergs Schicksal sprachen, und meine
Frau dabei immer dankbar betonte, wie gut wir es noch hätten, dass meine Stellung so fest ist. (Und ich trug, tief ver-
staut die Kündigung in der Brieftasche!)
Es vergingen schreckliche Tage, bis mir dann mein Chef er-
klärte, dass ich wieder neu engagiert werde.

Da versank Pinneberg – unser Schicksal trennte sich!! Ich
habe selten in meinem jungen Leben so tief geatmet!!!
Grüssen Sie bitte das tapfere Lämmchen von uns, denn es
muss dieser Mensch unter uns leben, sonst wären wir sehr
traurig.
Und nochmals schönen Dank für das grosse Erlebnis.
    Herzliche Grüße Ihre
    Lotte und Eduard Lukoschus«

> Lotte und Eduard Lukoschus an Fallada, 26. Juni
> 1932 [unveröff.]. – Mit Genehmigung des Hans-
> Fallada-Archivs, Feldberg.

Neben einer Vielzahl an Rezensionen und den ausschnitt-
weise dokumentierten Leserzuschriften veranstalten einige
Zeitungen im Anschluss an den Roman Preisausschreiben.
Diese verweisen nicht nur auf die publikumswirksame Gestaltung einzelner Figuren, sondern auch auf die Aktualität
der dargestellten und behandelten Zeitprobleme.
So veranstaltete z. B. im Oktober 1933 die *Personal-Zeitung*
eines Frankfurter Kaufhauses ein »Preisausschreiben um
›Pinneberg‹« (23. Oktober 1933). Aus den zahlreichen Antworten der Angestellten ist nicht nur die These vom persönlichen Versagen Pinnebergs abzuleiten, sondern auch die
mentale Basis dieser Haltung, die deutlich auf die Verteidi-
gung der eigenen Standesehre hinausläuft:[9]

»Pinneberg ist der Held einer sehr beachtenswerten Zeitge-
schichte, die Hans Fallada unter dem Titel *Kleiner Mann –
was nun?* geschrieben und bei Rowohlt-Berlin veröffentlicht hat. Pinneberg ist Verkäufer in der Abteilung ›Herrenkonfektion‹ eines Berliner Warenhauses. Um seine Stellung
zu halten, muß er bestimmte Umsätze erzielen. Je größer
die Ansprüche werden, die an sein privates Leben durch

9 In einem zweiten Preisausschreiben wurden die Leserinnen und Leser auf-
  gefordert, sich Gedanken zur Charakterisierung der weiblichen Hauptper-
  son zu machen.

Heirat, Familienzuwachs usw. gestellt werden, desto
schwieriger wird es, die notwendigen Umsätze zu erzielen.
Am schlimmsten ist es am Monatsletzten um Pinneberg be-
stellt, wenn das Damoklesschwert der Kündigung über ihm
schwebt.

An einem solchen Monatsletzten ist unser Pinneberg nun
ganz besonders verzweifelt, weil er die vorgeschriebene
Verkaufsquote noch längst nicht erreicht hat. Da erscheint
ein bekannter Filmschauspieler, der in irgendeinem Film die
Rolle eines kleinen Mannes zu spielen hat und sich in der
Konfektionsabteilung eines Warenhauses über die Garde-
robe des Stehkragenproletariers unterrichten will. Pinneberg glaubt einen Käufer vor sich zu haben, der ihn von der
Gefahr der Kündigung befreien kann und verliert den letzten Rest seiner Nerven, als ihm klar wird, daß der Filmschauspieler garnicht daran denkt, auch nur das kleinste
Stück zu kaufen. Er bestürmt den Künstler, doch etwas zu
nehmen, fleht und bettelt schließlich so lange, bis der Lieb-
ling des Kinopublikums sich angewidert an den Aufsichts-
herrn wendet. Pinnebergs Schicksal ist erledigt, er wird
fristlos entlassen.

Selbstverständlich hat Pinneberg töricht gehandelt. Wir
wollen ihm aber keinen Vorwurf machen, denn das ist erstens nicht unsere Aufgabe und zweitens wissen wir nicht,
was wir selbst tun würden, wenn die Nerven eines Tages
mit uns durchgingen. Dagegen wollen wir uns einmal überlegen, was Pinneberg getan hätte, wenn er ruhig geblieben
und sich in der geschilderten Situation als ein wirklich geschickter Verkäufer und kluger Kaufmann gezeigt hätte, der
es versteht, aus jeder Situation Vorteile zu ziehen.

Es gibt dafür die verschiedensten Möglichkeiten, und wir
fordern unsere Leser auf, uns ihre Ansicht darüber mitzu-
teilen, was Pinneberg vernünftiger Weise hätte tun sollen.
Für den besten Vorschlag setzen wir einen Preis von

   zwanzig Mark

aus und bitten um Einsendung der Vorschläge bis zum

3. November unter dem Kennwort ›Preisausschreiben
um Pinneberg‹ an die Redaktion des Schuhmarkt, Frankfurt a. M., Bockenheimer Landstraße 33.«

> Preisausschreiben um »Pinneberg«. Ein neuer
> »PZ«-Wettbewerb. In: Personal-Zeitung. Beilage
> des »Schuhmarkt« (Frankfurt a. M.). 23. Oktober
> 1932.

Das Ergebnis des Preisausschreibens um »Pinneberg«
wurde in der Ausgabe der *Personal-Zeitung* vom 20. November 1932 veröffentlicht:

»Außerordentlich groß war die Zahl der Zuschriften, die
uns zu unserm letzten Preisausschreiben zugegangen sind.
Nicht weniger zahlreich waren die Vorschläge, die aus den
Reihen unserer Leserinnen und Leser gemacht worden sind,
um dem guten Pinneberg aus seiner schwierigen Situation
herauszuhelfen. Angefangen von psychologischen Ratschlä-
gen über das Verhalten eines tüchtigen Verkäufers im allgemeinen bis zu dem Vorschlag, den Filmschauspieler durch
das Maß-Atelier der Firma zu führen und ihn so doch zum
Kauf zu veranlassen, fanden sich die verschiedenartigsten
Vorschläge vor. Nach sorgfältiger Prüfung haben wir uns
entschlossen, den Preis in Höhe von 20,– RM der Einsendung von
    Fräulein Maria Zillmann, Stargard (Pom.), Jobststraße 46,
zuzuerkennen. Dieser Vorschlag hat folgenden Wortlaut:

Pinneberg hat den berühmten Filmschauspieler, den er kurz zuvor
in einem Kino bewundert hat, während des Verkaufsgespräches erkannt.
Als geschickter Verkäufer mußte er sofort erkennen, daß dieser
Filmheld keine Konfektionskleidung aus einem Warenhaus kaufen
würde.
Falls er den Zweck dieses Warenhausbesuches nicht sofort erkannt
hatte, konnte er ganz beiläufig die Frage stellen, was den Herrn
zum Besuche seines Geschäfts veranlaßt hat.
War der Zweck erkannt, so mußte Pinneberg bei ruhiger Überle-

gung dem Filmschauspieler einige Typen des ›Stehkragenproletari-ers‹ vorführen. Er hatte die Aufgabe, gewissermaßen *der Berater und Regisseur des Schauspielers zu sein*. Nachdem er sich intensiv mit dem Kunden, der auf keinen Fall kaufen will, beschäftigt hat, bittet er den Schauspieler um einen Augenblick Geduld, geht zu seinem Chef und stellt diesem die Möglichkeit einer *guten, billigen Reklame* vor. Er schlägt vor, dem Schauspieler den Anzug für die Rolle zur Verfügung zu stellen und erbittet als Gegenleistung die Erlaubnis, *das Bild des Filmschauspielers in das größte Schaufenster zu stellen, mit einer Widmung* und dem Text: ›Unser Kunde‹.

Es ist nicht nötig, daß betont wird, für welchen Zweck ›der Kunde‹ gekauft hat. Etwas anderes konnte Pinneberg mit diesem Herrn, der unter keinen Umständen gekauft hätte, anfangen.

Die nicht erreichte Umsatzquote würde auf diese Weise durch die gute Reklameidee wett gemacht worden sein.

Wir danken allen Einsendern für ihre Mitarbeit und hoffen, daß die Lösung der Aufgabe selbst für sie von großem Wert gewesen ist.«

Unser Kunde – der Filmschauspieler. Das Ergebnis des Preisausschreibens um »Pinneberg«. In: Personal-Zeitung. Beilage des »Schuhmarkt« (Frankfurt a. M.). 20. November 1932.

4. Verfilmungen, Dramatisierung, Hörspiel, Revue

a) Verfilmungen (Deutschland 1932/33 und USA 1934)

Bereits während der Drucklegung beschäftigte sich Fallada mit einem Treatment zu einer Verfilmung. GÜNTER CASPAR umreißt die biographische Situation und den Charakter des Treatments:

»Auch Anfang Juni beschäftigt er sich mit der Verfilmung. Er habe, heißt es am 12. d. M. in einem Brief an Rowohlt, mit Erich Engel und einem Dr. Feld über dem Treatment gesessen. Hörigs erhalten am 1. Juni sogar Nachrichten von seiner ›wochenlangen‹ Zusammenarbeit mit Erich Engel,

die er ›ehrenhalber‹ geleistet habe; man wolle ›den Geld-
bonzen‹ einen ›unverlogenen Arbeitslosenfilm schmackhaft‹
machen.
Im Nachlaß finden sich vier Skizzen für den Film unter
dem Titel ›Kopf hoch!‹: drei im Umfang von sieben bis
neun Schreibmaschinenseiten und eine ausführlichere, vom
6.–10. Juni auf einunddreißig Seiten per Hand nieder-
geschrieben. Ihre Aussagen sind etwas ›härter‹ als die des
Romans.
Wenn Pinneberg Schlips und Kragen in die Tasche steckt,
heißt es zum Beispiel: ›Der Angestellte Pinneberg ist der
Proletarier Pinneberg geworden.‹ In einer anderen Fassung
leben Pinnebergs am Ende in einer ›Zeltstadt‹, deren Be-
wohner das Siedlungsgelände urbar machen; sie schließt damit, daß Pinneberg sagt: ›ich glaube, ich schaffe es doch.‹ In
dieser Version gibt es auch eine Passage, die an die Geschichte ›Fröhlichkeit und Traurigkeit‹ erinnert: ›Sturm auf
ein Lebensmittelgeschäft. – Pinneberg von der Schupo weg-
gejagt. – Pinneberg in einer Kneipe als ein spendabler, großer Herr. Trinkt sich einen an. – Pinneberg auf einer Bank.
Von der kleinen Nutte erkannt, mitgenommen, abgefüttert,
mit einem Hundertmarkschein beschenkt.‹ In der handge-
schriebenen Skizze ist Pinneberg schließlich ›ein richtiger,
braungebrannter Proletarier‹, den der Nachbar ›tüchtig‹
nennt.
Die Skizzen haben einen im Prinzip ›optimistischen‹
Schluß: Pinneberg ist zwar ›etwas zerschlagen, etwas ge-
mütigt, aber doch immerhin der Pinneberg seines Lämmchens, der Vater seines Murkels, der warten kann: Es
kommt auch wieder besser. Kopf hoch.‹ Daß Fallada zu der
reinen Idylle des Romanschlusses Alternativen setzt, spricht
auch dann für ihn, wenn man einen Einfluß Erich Engels
vermuten will.«

Günter Caspar: Nachwort. In: Hans Fallada: Märchen und Geschichten. S. 706 f. – © 1985 Aufbau-
Verlag GmbH, Berlin.

Nach den Verhandlungen im Mai 1932 mit der Robert-Neppach-Film AG (Vertragsabschluss im Juli) und nach einer Umarbeitung des Drehbuchs durch den Regisseur Fritz Wendhausen (ursprünglich sollte Berthold Viertel die Regie übernehmen) zog sich Hans Fallada von dem Projekt zurück. Er verbot der Filmgesellschaft, seinen Namen im Abspann (im Zusammenhang mit dem Drehbuch) zu nennen. Die Uraufführung fand am 3. August 1933 im Berliner »Capitol« statt.[10]

Der Film gilt bis heute als verschollen. Im Bundesarchiv, Abt. Filmarchiv (Berlin), und im Hans-Fallada-Archiv liegt ein unlängst gefundener und umkopierter Kurztrailer; deutlich wird in diesem kurzen Ausschnitt vor allem der Revuecharakter des Films. Die Musik korrespondiert in Text und Melodie mit den Arrangements in Peter Zadeks und Tankred Dorsts gleichnamiger Revue (Uraufführung 1972, vom Fernsehen aufgezeichnet 1973). Beide Male zeichnete das Mitglied der »Comedian Harmonists« Erwin Bootz verantwortlich. In den Credits des Films von 1933 wurde er jedoch aus politischen Gründen nicht mehr geführt.

In den USA entstand im Jahr 1934 eine noch deutlicher amerikanisierte Adaption des Buches, sie wurde am 4. Juni 1934 uraufgeführt. Für die Rechte erhielt Fallada – folgt man den Angaben bei Crepon – 50 000 RM.[11] Die amerikanische Verfilmung legt deutlich einen anderen inhaltlichen Schwerpunkt.[12]

Auch eine Dramatisierung und ein Hörspiel folgten bald. Da die Radiospiele damals noch nicht archiviert werden konnten, sind Aufführung und Manuskript nicht überliefert. Dies gilt ebenfalls für die Fassung der 1934 erfolgten Dramatisierung. Für dieses Theaterstück sind auch Auffüh-

---

10 Im Zusammenhang mit dem Film meldet das *Zwölf-Uhr-Mittagsblatt* (Berlin) vom 3. August 1933 ein Preisausschreiben, in dem eine Darstellerin für das Lämmchen gesucht wurde. Leider sind keine Zuschriften bzw. keine Ergebnisse der Ausschreibung dokumentiert.

11 Crepon (1984), S. 162.

12 Vgl. Zachau (2000).

rungen im deutschen Sprachraum belegt. Im Jahr 1967 ver-
filmte das Fernsehen der DDR (DFF) den Roman im Rahmen einer Fallada-Reihe (*Wolf unter Wölfen* und *Jeder
stirbt für sich allein*), bevor Tankred Dorst und Peter Zadek
im Jahr 1972 die gleichnamige Revue auf die Bühnen des
Bochumer Schauspielhauses brachten.

b) Deutsche Verfilmung von 1932

HANS FALLADA äußert sich zur Verfilmung seines Romans
im Berliner *Film-Kurier* vom 29. September 1932 folgendermaßen:

»Natürlich bin ich sehr glücklich, meine Familie Pinneberg
bald auf der Leinewand Leben gewinnen zu sehen. Glücklich und ängstlich zugleich. Ja, doch auch viel Angst ...
[...] Die Gestalten des Romans sind für seine Leser so sehr
Gestalt geworden, daß es nicht leicht sein wird, die Bilder,
die jeder Leser sich einmal gemacht hat, durch zwingendere
Gestalten zu ersetzen.
Da ist noch eine andere Schwierigkeit, eine viel größere.
Mein Buch ist ja sehr episch. Seine Handlung ist in drei Sät-
zen zu erzählen. Was seine Leser an ihm lieben, ist das Idyll
des Ehelebens, das stille abseitige Dasein des kleinen Mannes mit Frau und Kind. Und das muß natürlich in den Film,
diese Atmosphäre muß da sein.
[...]
Hoffnungslos? – Nein, deshalb sind wir noch lange nicht
hoffnungslos, ganz im Gegenteil! Aber deshalb ist es schön,
daß das D.L.S. mir, dem Autor selbst, die Drehbucharbeit
gegeben hat. Das ist etwas, was Hans Hyan hier auch einmal im Film-Kurier ausgesprochen hat, daß der Autor
selbst ganz anders mit seinem Stoff schalten und walten
kann wie ein Drehbuchtechniker.
Natürlich brauche ich Drehbuch-Neuling technische Hilfe.
Aber ›Ersatzhandlungen‹ erfinden, die dem Wesen meiner

Programmheft zur Verfilmung des Romans durch
Fritz Wendhausen (1932), mit Hertha Thiele,
Hermann Thimig und Viktor de Kowa

Gestalten entsprechen, die ihren Charakter nicht verändern,
das kann einzig nur ich, der Autor. –
Ja, darum bin ich glücklich und ängstlich zugleich, es geht
noch einmal alles los: Erfinden und Aufbauen, Schaffen und
Gestalten, auf einer ganz andern Ebene. Hoffentlich wird es
schön, hoffentlich heißt es nicht eines Tages: ›Haben Sie sich

Lämmchen so vorgestellt?‹ – Nein, es wird nicht so heißen,
bestimmt nicht.«

Hans Fallada: Der Roman wird zum Film. In:
Film-Kurier. Tageszeitung (Berlin). 29. September
1932. – Mit Genehmigung des Hans-Fallada-Archivs, Feldberg.

Im *Berliner Börsen-Courier* vom 4. August 1933 wurde der
Film besprochen unter dem Titel »Kleiner Mann – was nun?«:

»Die Filmindustrie hat dieselbe Tendenz wie die alten Mär-
chenerzählerinnen: sie glättet und verschönt die rauhe
Wirklichkeit. Sie konnte mit dem herben Realismus in
Hans Falladas Roman nicht viel anfangen, sie konnte seinen
aktuellen Stoff nur als Ausgangspunkt behandeln. *Kleiner
Mann – was nun?* ist auf der Leinwand zu einem Filmmärchen geworden, zu einem Filmmärchen aus der Gegenwart,
aus der jüngsten Vergangenheit. Es ist das Filmmärchen von
dem kleinen Angestellten, dem ›Stehkragenproletarier‹, der
täglich vor der Kündigung zittern muß. Die Kündigung ist
das moderne Schicksal.
Im Film geht alles zum Guten, der Film hat wie das Märchen ein happy end: und wenn Pinneberg und Lämmchen
nicht gestorben sind, so leben sie noch heute ... Nicht immer geht es aber so gut ab wie im Film, daß der Gekündigte
etwas von seinem Chef ›weiß‹: Pinneberg und Heilbutt
bleiben in dem Kaufhaus, sie bekommen sogar höhere Po-
sten. (Fraglich bleibt allerdings, ob sich nun die Käufer ein-
finden werden ...) [...]
Der Regisseur Dr. Fritz Wendhausen hat saubere Arbeit geleistet. Er trifft das Milieu in der Kleinstadt wie in der
Großstadt. Neben dem Stoff sind es aber vor allem die einzelnen schauspielerischen Leistungen, die den Film über
den Durchschnitt emporreißen und auch ihm den Publikumserfolg des Romans sichern. [...] Die Hauptdarsteller
bleiben zwar merkwürdigerweise schwach. Hertha Thiele
ist als Lämmchen nur mütterlich-gefühlsvoll: Madonna in

Programmheft zur Verfilmung des Romans
durch Fritz Wendhausen (1932)

der Laube (sie wird tonlich ein wenig laut). Hermann Thimig wird als kleiner gedrückter Angestellter von seinen
Mitspielern fast an die Wand gespielt. Er hat ausgezeichnete
Momente, die Gestalt selbst wird nicht plastisch. Um so
plastischer, um so festumrissener wirken die Nebenfiguren,
die zu Hauptfiguren werden. Jacob Tiedtke ist als Futter-

händler ein böser Kleinstadt-Troll. Erschreckend echt zeichnet Ida Wüst eine schwammige Type aus der bürgerlichen
Halbwelt. Kampers ist in der etwas breit gehaltenen, etwas
sentimentalen Figur des gutmütigen Verbrechers Jachmann
überraschend dicht und geschlossen. Viktor de Kowa be-
sticht als Heilbutt vor allem durch die messerscharfe Präzi-
sion und Exaktheit seiner Diktion. Darüber hinaus ist sein
Spiel witzig und charmant. Er hat aber die Gefahr seiner
Rolle nicht immer erkannt: Er spielt nicht nur die Figur, er
spielt zugleich auch das Märchen, er spielt die Treuherzig-
keit und Biederkeit, er bietet das Du an, er sagt dem Chef
die Meinung, er hält flammenden Appell, er ist strahlender
Deus ex machina.
Ein glänzendes Ensemble von Typen und Chargen: Blan-
dine Ebinger, Aenne Görling, Günther Vogt, Theo Lingen,
Albert Hoermann, Paul Henckels, Hugo Flink ...
Das Publikum rief immer wieder die Hauptdarsteller.«

K. W.: Kleiner Mann – was nun? In: Berliner Börsen-Courier. 4. August 1933.

In der *Deutschen Kulturwacht* erscheint am 19. August
1933 eine sehr kritische Besprechung unter dem Titel »Filmische Geschmacklosigkeiten«:

»Es ist eine Rohheit gegenüber dem Millionenheer unserer
arbeitslosen Volksgenossen, wenn in diesem Film wieder
die Walze abläuft: es gehört eben ein bißchen Glück dazu,
und alles geht gut! – Wenn der Arbeitslose sich diesen
Schmarren ansieht, dann krampft sich ihm das Herz zusammen, weil er sich sagen muß, so betrachtet die Filmindustrie
unser Dasein! Wie wäre es, wenn man die Verantwortlichen
dieses Films ›nur‹ ein einziges Jahr lang alle Not und Entbehrungen der Arbeitslosigkeit auskosten lassen würde, damit diese Herren einmal ein *lebendiges* Bild vom Kampf
ums Dasein bekommen! Der Arbeitslose, der sich diesen
Film ansieht, greift sich an den Kopf und kann sich nur sa-

gen: ich muß doch ein großes Rindvieh sein, daß mir so etwas wie dem Filmhelden nicht gelingt!

Die innere Gemeinheit des Films liegt darin, daß in ihm zum Ausdruck kommt: nur nicht den Kopf verlieren, das Glück blüht auch dir! Und das Allergefährlichste: daß der Film die *Idee* der Arbeitsbeschaffung ins Triviale umbiegt. Noch ist die Not ungeheuer; indem man sich mit der Geste des ›Glückhabens‹ und ›es wird schon besser werden!‹ darüber hinwegsetzt, wird nur das Gegenteil erreicht: die Verbitterung. Wenn die Filmindustrie nicht in der Lage ist und nicht die Fähigkeit besitzt, die Frage der Arbeitslosigkeit und ihrer Behebung von dem großen nationalen und sittlichen Gedanken der Tat aus zu erfassen und filmisch zum Ausdruck zu bringen, wenn sie nicht an den Kitsch und Quatsch von gestern endlich einmal den Film von der geistig-seelischen Kultur unseres deutschen Volkstums aus grundsätzlich umgestaltet, dann soll sie die Finger von solchen großen Problemen lassen.«

Fe.: Filmische Geschmacklosigkeiten. In: Deutsche Kulturwacht. Blätter des Kampfbundes für deutsche Kultur (Berlin). 19. August 1933.

Die im *Angriff* vom 4. August 1933 unter dem Titel »Vom Film *Kleiner Mann, was nun?*« erschienene Filmkritik lobt die Verfilmung gegenüber dem Roman:

»Das Buch Hans Falladas *Kleiner Mann was nun?*, nach dem der Film gedreht wurde, war eine typische Erscheinung seiner Zeit: nicht ungeschickt geschrieben, aber ohne Substanz. Ein kleiner Bürger wird geschildert – ein Alltagsmensch, der sich von seinem Schicksal treiben läßt, ohne auch nur ein einziges Mal einen Anlauf zu nehmen, um aus seinem Trott herauszukommen. Eine ewig graue, freudlose Atmosphäre, die eher quälend als unterhaltend ist, wenn auch das Gesamtwerk niemals mehr als ein Buch der Unterhaltung sein kann, das erst durch eine rührige Reklame zu

einem Schlager gemacht wurde. Das einzig Originelle an
dem Buch ist sein überaus geschickter Titel.
Soviel muß über das Buch gesagt werden, um den erfreulichen Unterschied erklären zu können, den der Film vom
Buch macht. All die breit ausgemalten Szenen des Buches –
bei denen der Verfasser Epik durch viel schöne Worte vorzutäuschen suchte, fallen im Film weg. [...]
Nicht zu dem behandelten Problem des Filmes - wohl aber
zu der schauspielerischen Leistung, zu dem Film als Abend-
unterhaltung ohne Ansprüche, kann man ja sagen: Das Problem erwächst aus einer Zeit, die verflossen ist. Zweifellos
gibt es auch heute noch solche Pinnebergs, aber sind das die
›Helden‹, um die es sich lohnt, einen Film zu drehen.«

> H. O.: Vom Film *Kleiner Mann, was nun?* In: Der
> Angriff (Berlin). 4. August 1933.

c) Dramatisierung

»Falladas deutscher Arbeitslosen-Roman hatte in Dänemark einen solchen Erfolg, daß der dänische Lustspieldich-
ter Jens Locher eine Dramatisierung vorgenommen hat.
Dazu mögen ihn die von Fallada sehr liebevoll ausgeführten
Dialoge bewogen haben, aber ein Erfolg ist das Stück doch
nicht geworden. Die Kritik spricht von einem ›mehr pein-
lichen als erschütterten‹ Gefühl, das sich der Zuschauer be-
mächtigte.«

> [N. N.:] Hans Falladas *Kleiner Mann, was nun?*
> als Drama. In: Braunschweiger Tageszeitung.
> 13. April 1934.

d) Hörspiel

ERNST ROWOHLT äußert sich in einem Brief an Fallada vom
11. November 1932 zur Verarbeitung des Romanstoffes als
Film, Hörspiel oder Drama folgendermaßen:

»Lieber Ditzen!
Ich lese eben den Durchschlag des Briefes von Zingler an
Sie wegen der Dramatisierung von *Kleiner Mann – was
nun?* durch Klaus Herrmann. Ich war von diesem Telefon-
gespräch mit Klaus Herrmann nicht orientiert, sonst hätte
ich sofort abgeraten. Ich warne dringendst, jemandem die
Dramatisierung des Romans anzuvertrauen. Erstens ist es
überhaupt ein Blödsinn, den Roman zu dramatisieren, das
haben Sie schon bei *Bauern, Bonzen und Bomben* gesehen
und gemerkt, zweitens ist Klaus Herrmann ein ziemlich
unbeschriebenes Blatt. Ich kenne ihn einigermaßen, und
meiner Meinung nach ist er durch gar nichts prädestiniert,
etwas Derartiges zu machen. Letztens und vielleicht wich-
tigstens aber soll man den Neid der Götter nicht heraufbeschwören. Daß der Roman in der Buchausgabe ein großer
Erfolg ist, ist eine Sache, die die lieben Mitmenschen hin-
nehmen, daß dieser Roman verfilmt wird, will ich noch ak-
zeptieren, daß ein Hörspiel daraus gemacht wird – na, das
ist eine Sache für sich und fällt weiter nicht auf. Wenn nun
aber noch eine Notiz durch die Presse läuft, daß das Buch
dramatisiert wird, dann, um Gottes willen, werden Sie einmal sehen, was sich tun wird. Nein: Die ganze Art Ihrer
Dialoge sowohl in *Bauern, Bonzen und Bomben* als auch in
Kleiner Mann – was nun? und auch in *Anton und Gerda*
zeigt doch, daß Sie selbst dramatische Talente besitzen. Warten wir ruhig ab, bis Sie eines Tages einmal ein dramatisches
Ei legen. Dann wollen wir gern wie die Wilden gackern.
Aber glauben Sie einem alten weisen Mann, der schon seit
27 Jahren in der Literatur herumfuhrwerkt.
Ein Beweis für die Unmöglichkeit der Dramatisierung eines
Romans war ›Hemingway, Kat‹. Was ist da gemeckert wor-
den. Jeder stellt sich die Figuren des Buches nachher auf der
Bühne ganz anders vor. Das muß ein Mißerfolg werden.
Also Hände weg!«

Ernst Rowohlt an Fallada, 11. November 1932.
Zit. nach: Müller-Waldeck. 1997. S. 115. – © 1997
Aufbau-Verlag GmbH, Berlin.

Hans Fallada antwortet auf diesen Brief am 26. November 1932:

»Lieber Vater Rowohlt,
ich fand das Hörspiel sehr gut, ich war allerdings bei der Generalprobe dabei, und das ›Lämmchen‹ schien mir gradezu eine Entdeckung. Unbedingt will ich sie Neppach für den Film denken. Wenn Sie einen Maßstab haben wollten, wie es auf uns Hörer im Abhörraum wirkte: nicht nur ich, sondern sogar Bronnen weinte ganz offen und hantierte krampfhaft mit seinem Monokel. Wenn es nun, wie Zingler schreibt, auf andere gar nicht so wirkt, so liegt eben die Geschichte ganz beim Hörspiel, es ist denn etwas nicht in Ordnung beim Hörspiel, so geht es eben nicht. Die Belege, nicht wahr, lassen Sie mir besorgen?«

Fallada an Ernst Rowohlt, 26. November 1932.
Zit. nach: Müller-Waldeck. 1997. S. 115. – © 1997
Aufbau-Verlag GmbH, Berlin.

Zur Hörspielproduktion von Falladas *Kleiner Mann – was nun?* für die neu begründete »Arbeitsschule für Hörspieler« im Rahmen der Berliner Funkstunde schreibt die *Deutsche Zeitung* am 24. November 1932 unter dem Titel »Nun, meine Herren – was jetzt?«:

»Schon zu Fleschs Zeiten haben wir um diese Versuchsstelle für Hörspiele und Hörspieler gekämpft – endlich wird sie zur ständigen Einrichtung, aber man beginnt ohne eine dramaturgische Zielrichtung. Wir haben nichts gegen Hans Falladas Roman *Kleiner Mann – was nun?* – wir setzen uns jedoch gegen den Bearbeiter *Klaus Herrmann* und seinen Hörfilm zur Wehr. Mit Herrmann durfte keineswegs die neue Veranstaltungsreihe anfangen. Das ist nicht nur ein Widerhall, sondern geradezu ein *kulturpolitischer Vorstoß der Linken* im Programm der Berliner Funkstunde.
[...]

Nun tritt der Urheber [...] im Senderaum der Funkstunde auf. Was sollen wir zu dieser Verwirrung der Geister im Funkhaus sagen? *Arnolt Bronnen* gibt der neu eröffneten ›Arbeitsschule für Hörspieler‹ ein Geleitwort – und dann wird die Arbeit eines jähzornigen Linksgeistes gesendet. Bronnen spricht vom nationalen Kunstwerk – Klaus Herrmann gilt als kabarettistischer Raufbold von weltbürgerlicher Einstellung. Bronnen sieht in dem Hörspiel den Ausdruck völkischer Dichtung – Herrmann lehnt diese Einstellung sicherlich entschieden ab.

Am rollenden Band des Alltags läßt Herrmann nicht Zeitgenossen unseres Schicksals, sondern geschminkte Menschen, Larven und Spukgestalten vom widerlichen Kostümfest des Lebens auftreten, so wie es in Kolportage-Filmen aufgenommen wird. Er vergröbert den Stoff. Wo es sich bei Fallada um den geistigen Raum handelt, um die epische Gestaltung und Atmosphäre des Romans, da gibt Herrmann versteckte politische Bemerkungen. Sie sind eingeschachtelt in einen oberflächlichen Text, der dem Naturalismus der Jahrhundertwende abgelauscht ist, ohne seine landschaftlichen Bedingungen zu erfüllen. Es sind *Schallplattenaufnahmen des Tages*, nicht von einem Könner geformt und künstlerisch bearbeitet, sondern einfach übernommen. Dadurch bekommt diese Funkbearbeitung des Romans von Hans Fallada einen so bedürfnislosen, vorstädtischen Charakter. [...]

Wo blieb die Stimme des kleinen Angestellten, die wir in diesem Hörspiel vernehmen wollten? Sie kam nicht aus dem Text, nicht aus den Szenen, sondern sie rief uns an, als *Hans Fallada* einleitende Worte über seinen Roman, den Inhalt und das Bekenntnis sprach, daß er sich früher, heute und immer mit jener großen Schichte der kleinen Angestellten verbunden fühle, weil er den Roman aus seinem Herzen und aus seinem Leben geschrieben habe. Das sagte Fallada so einfach in den Worten und so erschütternd im Klang, daß wir hier die Stimme des unbekannten Kleinbürgers unserer Tage zu vernehmen glaubten, – allerdings auch in der

Hauptrolle, die *Werner Stuck* eindringlich zu gestalten wußte. *Hella Weiß* als das Glück des kleinen Pinneberg, als seine Frau und Kameradin, trug ebenfalls zur darstellerischen Wirkung bei, die unter *Gerd Frickes* Leitung von einer stattlichen Spielgemeinschaft verursacht wurde.
Endlich machen sich Neuerungen im Funkprogramm bemerkbar. Diese ›Arbeitsschule für Hörspieler‹ trägt künstlerischen *und* sozialen Charakter. Sie will den erwerbslosen Schauspieler in einer wirklichen Arbeitsgemeinschaft zu einem echten Hörspieler umbilden.«

> Alfred Mühr: Nun, meine Herren – was jetzt? Beginn der »Arbeitsschule für Hörspieler« (Berliner Funkstunde). In: Deutsche Zeitung (Berlin). 24. November 1932 (Abendausgabe). – Mit Genehmigung des Sozialfonds der Verwertungsgesellschaft Wort GmbH, München.

e) Verfilmung durch das Fernsehen der DDR (1967)

Hans Fallada gehört zu den meistverfilmten Autoren in Ost und West.[13] Innerhalb der Programmplanung des Fernsehens der DDR spielte das Segment Literaturverfilmung eine besonders herausragende Rolle. Neben Klassiker-Theater im Fernsehen, Märchenadaptionen und den Verfilmungen der sozialistischen Gegenwartsliteratur waren es Schriftsteller wie z. B. Theodor Fontane, Heinrich Mann oder eben auch Hans Fallada, die den Kanon des medial aufbereiteten literarischen Erbes bildeten. *Kleiner Mann – was nun?* war Teil einer Trilogie, die von Hans Kasprzik inszeniert wurde. Die Verfilmungen *Wolf unter Wölfen* (1968) und *Jeder stirbt*

---

13 Vgl. dazu *Lexikon Literaturverfilmungen*, zsgest. von Klaus M. Schmidt und Ingrid Schmidt, 2., erw. und aktualisierte Aufl., Stuttgart [u. a.] 2001, sowie den Katalog *Literaturverfilmungen des Deutschen Fernsehfunks 1952–1991*, zsgest. von Sigrid Ritter, hrsg. vom Deutschen Rundfunkarchiv, Frankfurt a. M. [u. a.] 1994, und die von der Hans-Fallada-Gesellschaft herausgegebene Filmografie.

für sich allein (1970), zu denen jeweils Klaus Jörn das Drehbuch verfasste, bilden die zeitliche Klammer.[14]

KATJA STERN berichtet am 18. Dezember 1967 im *Neuen Deutschland* unter dem Titel »Die Odyssee des Johannes Pinneberg«:

»In der dramatischen Produktion dieses Fernsehjahres nahm die Bearbeitung literarischer Werke einen beträchtlichen Platz ein. Die Sendereihe ›Erlesenes‹ mit ihrer kleinen Form und vor allem die Dramatisierung von Scholochows *Neuland unterm Pflug* sind noch in guter Erinnerung. Sie zeugten von der einzigartigen Möglichkeit des Fernsehens, Werke der Weltliteratur an ein Millionenpublikum heranzutragen und den Büchern neue Freunde zu gewinnen. So zeigt sich hier auch etwas von der aktivierenden Rolle des größten Massenmediums, von seiner wichtigen erzieherischen Funktion auf unserem Weg zur gebildeten Nation. Darüber hinaus ordnet sich Falladas *Kleiner Mann, was nun?* auch konzeptionell sinnvoll ein in den größeren Zusammenhang mit den bedeutenden Bildschirmvorhaben dieses Jahres, insbesondere zur Vorbereitung des Oktoberjubiläums. In *Begegnungen* beispielsweise oder in anderen Werken wurden Seiten unseres Lebens sichtbar, die Fallada nicht zu gestalten vermochte und die seine Sicht ergänzen. Ich möchte sogar so weit gehen, auch eine Sendereihe wie *Der Mensch neben dir* oder *Meine besten Freunde* in diesen Zusammenhang zu stellen, wo von kleinen und doch so großen Leuten unserer Tage berichtet wird, von ihrer tätigen Demokratie, ihrer schöpferischen Gemeinschaftsarbeit. Geradezu verblüffende Parallelen aber drängten sich an diesen beiden Fersehabenden auf zu den Verhältnissen in Westdeutschland, und sie waren bewußt gestaltet. Gewiß, die Arbeitslosenziffern der großen Krise um 1930/32 sind mit heute nicht vergleichbar. Aber der uns so unendlich

14 Vgl. dazu ausführlicher Grisko (2000a).

fremde, sehnsüchtige Wunsch ›Lämmchens‹ nach einer Arbeit, einer Hoffnung, bestimmt heute schon wieder das Leben vieler westdeutscher Familien. Und die Parolen der Mächtigen im Staate damals und heute – sie gleichen sich in gespenstischer Weise. [...]
Man darf *Kleiner Mann, was nun?* zu den Höhepunkten dieses Fernsehjahres rechnen.«

Katja Stern: Die Odyssee des Johannes Pinneberg. Falladas Roman *Kleiner Mann, was nun?* auf dem Bildschirm. In: Neues Deutschland (Berlin/Ost). 18. Dezember 1967.

Unter dem Titel »Pinnebergs suchten das Glück« schreibt INGEBORG NÖSSIG am 20. Dezember 1967 in *Der Morgen*:

»Der Griff in den Bücherschrank ist dem deutschen Fernsehfunk wieder einmal ganz und gar gelungen. [...]
Nach einem Buch von Klaus Jörn, unter der Regie von Hans-Joachim Kasprzik durch ein ideales Ensemble hervorragender Schauspieler interpretiert, erlebten wir die Geschichte von Emma Mörschel, genannt Lämmchen, und ihrem Ehemann Johannes Pinneberg als ein packendes, aussagekräftiges Stück deutscher Wirklichkeit in einer Periode entscheidender Klassenauseinandersetzungen. Seinen hohen ethischen und ästhetischen Anspruch bezog der Film vor allem aus der Tatsache, daß er ohne ungerechtfertigte Aufwertung der Falladaschen Figuren auskam und trotzdem beim Zuschauer von heute Einsichten zu wecken verstand, die über des Schriftstellers Standpunkt hinausreichen.
So hatten es nicht einmal die Kommentare nötig, von der westdeutschen Gegenwart zu sprechen: Krise, Existenzbedrohung, Notstand in ihrer aktuellen Erscheinungsform wurden vom Betrachter selbst assoziiert. Und es geschah, daß in dieser Lesart jener ›kleinen, einfachen Geschichte‹ dialektische Zusammenhänge offenbar wurden, die in der Aussage gipfelten: Es gibt keine weltabgeschiedene Insel für Liebe und Zweisamkeit, wo der Anspruch auf menschliches

Glück mit dem Machtanspruch einer unmenschlichen Gesellschaft zusammenstößt.
[...] Dabei halfen auch Dokumentarteile, die die politische Problematik der ›großen‹ Welt ins Spiel brachten und sich so nahtlos einfügten, als wären sie eigens für diesen Film gedreht. Jörns Kommentartexte von Falladascher Diktion und Gerhard Hellwigs Filmszenenbilder von Falladascher Detailtreue rundeten die Geschlossenheit des Eindrucks ab. Nicht zuletzt aber setzte die fotografische Formgebung von Kameramann Lothar Gerber das Tüpfelchen aufs i. Seine sachliche, beinahe ›gefesselte‹ Kamera, offensichtlich Brennweiten benutzend, die für die Filmmachart der 30er Jahre typisch waren, erzeugte die Bildwirkung, die Gegenstand und Anliegen genau dienten.
[...]
1967 erwies sich als dramatisch ereignisreiches, versuchsfreudiges Fernsehjahr. Hans-Joachim Kasprziks Film war ein glanzvoller Höhepunkt.«

Ingeborg Nössig: Pinnebergs suchten das Glück. *Kleiner Mann – was nun?* – Glanzvoller Fernsehhöhepunkt am Jahresende. In: Der Morgen (Berlin/Ost). 20. Dezember 1967.

Unter dem Titel »Gefühl für das Dagewesene« kommentiert die *Stuttgarter Zeitung* die DDR-Produktion am 28. Dezember 1972 folgendermaßen:

»Hans-Joachim Kasprcia [sic!] vom Ostberliner Fernsehen hat sich Falladas angenommen und *Kleiner Mann, was nun* verfilmt. [...]
Pathetischer Realismus plus authentischer Kitsch, beides hervorragend gemacht und mit eindeutiger Parteinahme zur Verdeutlichung einer genau historischen Situation eingesetzt – das ergibt, obgleich so etwas nach unseren ästhetischen Regeln beinahe gar nicht sein dürfte, ein bei weitem mehr als nur rührendes Sittenbild. Es wird ein Gefühl für

das Dagewesene erzeugt, ein Gefühl, ohne das die Einsicht
ins Richtige wahrscheinlich gar nicht auskommen kann.«

R. V.: Gefühl für das Dagewesene. In: Stuttgarter
Zeitung. 28. Dezember 1972.

Zur Verfilmung der Fallada-Romane durch das DDR-Fern-
sehen ist in dem unter der Leitung von KÄTHE RÜLICKE-
WEILER herausgegebenen Band *Film- und Fernsehkunst der
DDR* Folgendes zu lesen:

»Das geschah in bemerkenswerter Weise, als das Fernsehen
der DDR in den sechziger Jahren begann, zeitkritische
Werke spät-bürgerlich-realistischer Schriftsteller, die unter
dem Einfluß welthistorischer Veränderungen mit ihrer eigenen Klasse und Gesellschaft abgerechnet hatten, zu verfil-
men, und damit einem breiten Zuschauerbedürfnis nach
Auseinandersetzung mit der jüngsten deutschen Geschichte
– mit der Weimarer Zeit, mit der beginnenden Faschisie-
rung und mit der Nazizeit – Rechnung trug.
Romane Falladas erweisen sich hierfür als besonders geeignet. [...]
›[...] Fallada hat seine Zeit tief verstanden, das kann man
aus seinen Romanen herauslesen. Auch dort, wo er scheinbar nur Privates schildert, ist das Zeitgeschehen indirekt
vorhanden. Dennoch führte dieses Verstehen den Menschen
und Schriftsteller Hans Fallada kaum zu einer politischen
Konsequenz, geschweige zu politischer Aktivität. Der
kleine Mann muß die Suppe auslöffeln. Das wird festge-
stellt, sehr eindringlich und genau. Wer diesem kleinen
Mann die Suppe eingebrockt hat, und wie es ihm gelingen
könnte, aus seiner Verstrickung zu gelangen, darauf vermag
er keine Antwort zu geben.‹
[...]
Weil aber Falladas Darstellungen die erwähnten Grenzen
hatten, weil er die Hintergründe und die Ursachen für die
Verwicklungen, in die seine Figuren gerieten, nicht oder nur

ungenau zu benennen vermochte, ergab sich die Notwendigkeit, eine realistische Sicht auf die damaligen Verhältnisse zu vermitteln. Es wurde eine künstlerische Methode gefunden, die auf der einen Seite Falladas Schreibweise – seinem oft reportagehaften Stil, seinem Hang zu verallgemeinernden Sentenzen – entsprach, auf der anderen Seite aber auch dem Anliegen und den Möglichkeiten des Fernsehens: In die Handlung wurde jeweils eine journalistische Ebene eingeführt, die sich deutlich von der Spiel-Ebene absetzt und aus Dokumentarfilmaufnahmen jener Jahre und einem dazu gesprochenen Kommentar besteht. Dabei hatte der Kommentar einmal die Funktion, die Fallada-Texte durch sachliche und historische Einsichten vermittelnde Informationen zu ergänzen. Zum anderen hatte er die Aufgabe, den Handlungsablauf zusammenzufassen und zu motivieren. [...] Dem entsprach die Resonanz der Zuschauer, die diese Methode als unterhaltsam und als informativ akzeptierten. Zugleich setzten diese künstlerisch gelungenen Verfilmungen Maßstäbe für die Gestaltung von Originalstoffen.
[...]
Der zweiteilige Fernsehfilm *Kleiner Mann – was nun?* (1967), nach dem 1932 erschienenen Roman entstanden, führt die Auseinandersetzung Falladas mit den Verhältnissen in Deutschland zur Zeit der Weltwirtschaftskrise von 1930 fort. [...] Für das historische Verständnis der Fernsehzuschauer war die Darstellung der Zeit der Notverordnungen, der ständig steigenden Arbeitslosenzahlen und der zunehmenden Orientierungslosigkeit des ›kleinen Mannes‹ wichtig und aufschlußreich.
Gerade die Geschichte um den harmlosen Verkäufer Pinneberg und sein ›Lämmchen‹ war geeignet, dem Zuschauer die Entwicklung in der DDR neu bewußt zu machen. Möglichkeiten des Vergleichs mit kapitalistischen Staaten, in denen sich die gesellschaftliche Grundsituation nicht geändert hatte, gab es genug. Zeitungen, publizistische Sendungen

und wissenschaftliche Abhandlungen informierten darüber.
[...]
Die künstlerische Methode, die sich in *Wolf unter Wölfen*
bewährt hatte, wurde souveräner angewandt. [...] Der Film
macht deutlich, was das Grundübel der meisten kleinen
Leute ist: daß ihnen politisches Bewußtsein fehlt.«

> Käthe Rülicke-Weiler: Zu den Verfilmungen der
> Romane Hans Falladas. In: Film- und Fernseh-
> kunst der DDR. Traditionen. Beispiele. Tendenzen.
> Hrsg. von der Hochschule für Film und Fernsehen
> der DDR, Lehrstuhl Film- und Fernsehwissen-
> schaften (Leitung: Käthe Rülicke-Weiler, Mitarbeit:
> Wolfgang Gersch). Berlin: Henschel-Verlag, 1979.
> S. 221–227. – © 1979 Henschel-Verlag, Berlin.

f) Revue von Peter Zadek und Tankred Dorst (1972)

In Westdeutschland war es vor allem die Revue von Peter
Zadek und Tankred Dorst, die gemeinsam auch das gleich-
namige WDR-Fernsehspiel produzierten; sie setzten das
Thema des kleinen Mannes neu in Szene.[15] Beide betonen,
nicht eine Revue nach dem Roman, sondern eine völlige
Neubearbeitung geschaffen zu haben.[16]

Revuedaten:

»*Kleiner Mann, was nun?* Eine Revue von Tankred Dorst
und Peter Zadek nach dem Roman von Hans Fallada, Uraufführung: 22.9.1972, Schauspielhaus Bochum. Regie: Peter Zadek, Musik: Erwin Bootz und Peer Raben, Bühnen-
bild: Georg Wakhévitch, Kostüme: Georg Wakhévitch und
Jeanne Renucci. Mit Hannelore Hoger (Lämmchen), Heinrich Giskes (Pinneberg), Rosel Zech (7 Rollen), Brigitte

---

15 Der Text liegt als gedruckte Ausgabe vor und wird hier zitiert nach: *Spectaculum. Moderne Theaterstücke*, Bd. 18, Nachdr. Frankfurt a. M. 1984,
   S. 7–91.
16 Zum Verhältnis von Theater und Fernsehen am Beispiel der Inszenierung
   Kleiner Mann – was nun? vgl. Seibert/Nuy (2000).

4. Verfilmungen, Dramatisierung, Hörspiel, Revue 113

Mira (Mia), Klaus Höhne (Jachmann), Karl-Heinz Vosgerau (Heilbutt), Hans Mahnke (Puttbreese), Ulrich Wildgruber (Isherwood). Gastspiel in London bei der 10. World Theatre Season (Ende März 1973).
Fernsehaufzeichnung des Westdeutschen Rundfunks (gekürzt auf 140 Min.), gesendet am 29.12.1973 (ARD).
Seit der Uraufführung kontinuierlich gespielt, vor allem an mittelgroßen Theatern; auch in der DDR (Schwerin 1978, Leipzig 1979, Radebeul 1981, Volksbühne Berlin 1987), in Holland, Belgien, Dänemark, Schweden, Ungarn und anderen Ländern. Bisher über 30 deutschsprachige Inszenierungen.«

Zit. nach: Tankred Dorst. Hrsg. von Günther Erken. Frankfurt a. M.: Suhrkamp, 1989. (suhrkamp taschenbuch. 2073.) S. 132 f. – © 1989 Suhrkamp Verlag, Frankfurt am Main.

VOLKER CANARIS schreibt über die Revue-Inszenierung von Tankred Dorst und Peter Zadek:

»Tankred Dorst und Peter Zadek haben ihre Bearbeitung von Falladas Roman ›Eine Revue‹ genannt. Und der Revuecharakter der Aufführung wird in der Tat mit großem Aufwand betrieben. [...]
Zudem bringt die Inszenierung eine artistische Distanzierung mit ins Spiel, die sie nur genußreicher macht: die Revueszenen haben bei allem Aufwand, bei allem Schwelgen in den kessen Rhythmen und sentimentalen Melodien den Charakter von leicht augenzwinkernd vorgeführten Zitaten aus einer bereits vergangenen Zeit. [...] Der Revueteil macht insgesamt den großen Unterhaltungswert der Inszenierung aus, er provoziert immer wieder Beifall, Lachsalven, er schafft die Entspannungsräume, die man an einem vierstündigen Abend trotz zweier Pausen braucht.
Aber das Zentrum der Aufführung sind doch die Szenen, in denen die Geschichte von Pinneberg und Lämmchen erzählt wird. Zadek läßt sich auf die Figuren und die Ge-

schichte mit einer Genauigkeit ein, die zu Momenten von
großer Schönheit und zugleich sehr leiser, zarter Menschlichkeit führt. [...] Und da Zadek zudem eine große Sensibi-
lität beim Zeigen von Stimmungen und Gefühlen entwik-
kelt, kann er der Geschichte ihre ganze Traurigkeit lassen –
sie wird nie sentimental.

Die Geschichte wird in dieser Inszenierung als realistische
erzählt, als individueller Ausdruck einer historisch-politi-
schen Situation. Gezeigt werden der Abstieg eines deutschen Kleinbürgers am Ende der Weimarer Republik, sein
Kampf um Arbeit und Lohn, Wohnung und Nahrung; seine
kleinen Erfolge und großen Niederlagen. [...] Und gezeigt
wird schließlich, welche Mittel sie aufbieten, um nicht ganz
kaputt gemacht zu werden: der Kleinbürger Pinneberg ein
immer ängstlicheres Sichanklammern an die letzten ›Garanten‹ seines Kleinbürgertums – seine eigene Familie und
seine bürgerliche Anständigkeit; die Proletarierin Lämmchen eine illusionslose Einsicht in die Erfolglosigkeit solchen Versuches, aber auch sie hat nicht mehr die Kraft zu
organisiertem, solidarischem Handeln, das über das Private
hinausginge.

Der entscheidende Vorzug der Bearbeitung von Dorst und
Zadeks Inszenierung: präfaschistisches Kleinbürgerverhal-
ten wird dargestellt nicht als unabänderliches Schicksal,
sondern als – nicht teilnahmslos, aber doch mit Abstand an-
zuschauende – Kette von kleinen Erlebnissen und ihnen
entsprechenden Verhaltensweisen. Man verfolgt in dieser
Inszenierung immer, wie Individuen sich in einer bestimmten gesellschaftlichen Situation verhalten.

[...] Er [der Revueteil] ist keineswegs nur Selbstzweck (sieht
man von einigen überflüssigen Nummern und Gags ab),
sondern er bezieht sich dialektisch auf die Fabel: das Elend
der Zeit und der Glanz, mit dem sie sich zur Schau stellte,
prallen immer wieder unmittelbar aufeinander – und plötzlich wird der politische Zusammenhang sichtbar: daß die
›goldenen Zwanziger‹ auch inszeniert wurden, um vom so-

zialen Elend, von Armut, Ausbeutung, Arbeitslosigkeit der Massen abzulenken, ja daß sie lebten von dieser Armut, dieser Ausbeutung. Es wird aber auch deutlich, daß dieser Zustand auch weiterbestand, weil die vielen Pinnebergs und Lämmchens ihn nicht durchschauten und den ganzen faulen Zauber nicht zerschlugen. Hier deutet sich hinter der historischen Geschichte auch ein aktuelles Schema an: das Modell einer Gesellschaft, die ihre sozialen Konflikte zudeckt unter dem Schein einer glänzenden Oberfläche.«

Volker Canaris: Politische Revue – Falladas *Kleiner Mann, was nun?* (1972). In: V. C.: Peter Zadek, der Theatermann und Filmemacher. München [u. a.]: Hanser, 1979. (Theaterbuch. 2.) S. 118–123. – © 1979 Carl Hanser Verlag, München und Wien.

HELLMUTH KARASEK schreibt in der *Zeit* vom 29. September 1972:

»Man übertreibt also nicht, wenn man Zadeks populäre Revue auch als einen ganz schönen selbstzerstörerischen Akt beschreibt. [...] Besonders deutlich waren solche Akte der fröhlichen Selbstaufhebung etwa in den Kinoszenen: dem sogenannten kleinen Mann, der sich selber von einem großen Schauspieler auf der Leinwand dargestellt sieht, ganz ›tragisch-menschlich‹, gehen die Brüche erst auf, wenn er den gleichen Schauspieler als hochmütigen Kunden erleben muß – dabei dreht er das einzige Mal durch. Oder in den unheimlich komischen Szenen, bei denen der beneidete Kollege (glänzend gespielt von Karl-Heinz Vosgerau), der besser verkaufen kann, in dieser Revue auch gleich als singendes Filmidol in die Unwirklichkeit entschwebt.

Während also parallel zur verzweifelt sich behauptenden Idylle eine zügige schmissige Revue stattfand, *roaring twenties, happy thirties,* die sich noch durch ihr mietrückständiges Schlafzimmer schwappte, sah und erlebte man, wie Zadek ein Zeitalter in seinen singenden und swingenden

Verlautbarungen vorführte: Uniformität, überführt in den
Gleichtakt von Revuebeinaufschwüngen, die Wedding-
Welt, weggeträumt in Leni-Riefenstahl-Keulenschwünge
oder in Picknick-Seligkeit, das dauernde Gedrückt- und
Getretenwerden, weggegrinst in das *keep smiling* von
Willy-Fritsch-Figuren.
So entpuppte sich die Harmlosigkeit dieser Welt als ihre
Gefährlichkeit.«

Hellmuth Karasek: [Rezension]. In: Die Zeit.
29. September 1972. Zit. nach: Tankred Dorst.
Hrsg. von Günther Erken. Frankfurt a. M.: Suhr-
kamp, 1989. (suhrkamp taschenbuch. 2073.)
S. 135–136. – Mit Genehmigung von Hellmuth
Karasek, Hamburg.

TANKRED DORST zum Revuetext:

»In meiner Erinnerung war es eine ziemlich sentimentale
Geschichte. Viel konnte ich damals damit nicht anfangen;
die Not der Jahre vor Dreiunddreißig ist sicher nicht unsere
Not. Uns gehts ja ziemlich gut. Aber als ich den Roman nun
wieder las, fand ich, daß es vor allem eine *wahre* Geschichte
ist: so sind Menschen, so reden sie, so reagieren sie. Und sicher ist es eine authentische Geschichte über den Anfang
der dreißiger Jahre in Deutschland, und sie macht darum
auch verständlich, was danach kam, bis heute. Sie handelt
nicht von Ideologien, sondern von Personen, von den lei-
denden kleinen Tätern dieser Zeit und unserer Zeit. Und es
ist auch eine sentimentale Geschichte, gewiß. Die Sentimentalität, fand ich beim Wiederlesen, liegt vor allem darin, daß
die beiden, Lämmchen und Pinneberg, die Lösung ihrer
Probleme in der kleinsten Zelle, beieinander suchen. Sie
fliehen in die Familiengemeinsamkeit und damit in die Iso-
lierung. ›Solange wir uns haben, kann uns nichts passieren.‹
Es passiert ihnen aber doch etwas. Der Trost, den sie anein-
ander finden und der sie so sympathisch macht für den Leser oder für den Zuschauer, ist schließlich eine gefährliche
Täuschung. Sie lassen sich lieber zerstören als ändern.

Lämmchen, das kluge, tapfere Lämmchen, das sehr wohl weiß, daß die Gesetze nichts taugen, die den Holzdieb ins Gefängnis sperren und das allgemeine Elend zulassen, ja fördern, es will ihrem Pinnneberg schließlich doch seine kleine bürgerliche Moral lassen, damit er nicht erschrickt. Holzstehlen soll er nicht. Das ist es, worauf es in der bürgerlichen Welt ankommt.«

Zit. nach: Spectaculum. Moderne Theaterstücke. Bd. 18. Nachdr. Frankfurt a. M.: Suhrkamp, 1984. S. 8. – © 1984 Suhrkamp Verlag, Frankfurt am Main.

Textausschnitte[17] aus der Revue *Kleiner Mann, was nun?* von Tankred Dorst und Peter Zadek:

»*2. Revue: Kleiner Mann, was nun?*
SÄNGERIN UND GIRLS. Lied:
  Kleiner Mann was nun,
  Kleiner Mann was tun,
  Wenn einmal die Sonne nicht scheinen will,
  Wenn du traurig bist,
  Weil dich das Glück vergißt,
  Und dein Herz betrübt ist und weinen will.
  Dann denke immer daran,
  Wie's morgen anders sein kann,
  Wenn sich die Wolken verziehn
  Und neue Hoffnungsblumen blühn.
  Drum Kopf hoch
  Kleiner Mann faß Mut,
  Alles wird noch gut
  Und du wirst mit neuer Kraft durchs Leben ziehn.
  [...]

26. *Arbeitslosigkeit*
Prospekt: Parlament. In allen Fenstern Abgeordnete in beschwörenden Posen.

17 Die Ziffern beziehen sich auf die Szenenangaben von Dorst/Zadek.

PINNEBERG.

Die wollen alle was von mir, für mich wollen sie doch nichts. Ob ich verrecke oder nicht, das ist ihnen ja egal, ob ich ins Kino kann oder nicht, das ist ihnen schnuppe, ob Lämmchen sich jetzt anständig ernähren kann oder zu viel Aufregungen hat, ob der Murkel glücklich wird oder elend – wen kümmert das was?

Und die, die hier alle stehen im Kleinen Tiergarten, ein richtiger kleiner Tiergarten, die ungefährlichen, ausgehungerten, hoffnungslos gemachten Bestien des Proletariats, denen geht's wenigstens nicht anders. Drei Monate Arbeitslosigkeit und ade rotbrauner Ulster! Ade Vorwärtskommen! Vielleicht verkrachen sich am Mittwochabend Jachmann und Lehmann und plötzlich tauge ich nichts. Ade! Das sind die einzigen Gefährten, diese hier, sie tun mir zwar auch was, sie nennen mich feiner Pinkel und Stehkragenprolet, aber das ist vorübergehend. Ich weiß am besten, was das wert ist. Heute, nur heute, verdiene ich noch, morgen, ach, morgen, stemple ich doch ... Vielleicht ist das noch zu neu mit Lämmchen, aber wenn man hier so steht und sieht die Menschen an, dann denkt man kaum an sie, man wird ihr auch von diesen Dingen nichts erzählen können. Das versteht sie nicht. Wenn sie auch sanft ist, sie ist viel zäher als ich, sie würde hier nicht stehen, sie ist in der SPD und im Afa-Bund gewesen, aber nur, weil ihr Vater da war, sie gehört eigentlich in die KPD. Sie hat so ein paar einfache Begriffe, daß die meisten Menschen nur schlecht sind, weil sie schlecht gemacht werden, daß man niemanden verurteilen soll, weil man nie weiß, was man selber täte, daß die Großen immer denken, die Kleinen fühlten es nicht so – solche Sachen hat sie in sich, nicht ausgedacht, die sind in ihr. Sie hat Sympathien für die Kommunisten. Und darum kann man Lämmchen nichts erzählen.«

Zit. nach: Ebd. S. 10, 40f. – © 1984 Suhrkamp Verlag, Frankfurt am Main.

IV. Wirkungsgeschichte

THEODOR W. ADORNO und MAX HORKHEIMER benutzten in ihrer Epoche machenden Untersuchung *Dialektik der Aufklärung* (1944) die Beispiele Falladas und Döblins zur Beschreibung mentalitätsgeschichtlicher Dispositionen – diesen Vergleich vertieft RENATE MÖHRMANN (1978) in einem Aufsatz in historisch bzw. ideologisch deutlich unterschiedlicher Herangehensweise. Der Fallada-Biograph MANTHEY (1963) sieht eine stärker biographisch-psychologische Komponente, nämlich die Auseinandersetzung mit dem Vater, in Falladas Roman verarbeitet. Die DDR-Rezeption (GESSLER, 1976, und LANGE, 1960, aber auch SCHROEDER, 1954) geht vor allem auf die Fragen der Zuordnung Falladas und Pinnebergs zur gesellschaftlichen Klasse des Kleinbürgertums ein. Dabei wird auf die mangelnde – und in der sozialistischen Gesellschaft überwundene – Solidarität verwiesen. Gleichzeitig nimmt sie die Besprechung als Anlass, um auf die unterschiedlichen gesellschaftlichen Entwicklungen in Ost und West nach dem Krieg hinzuweisen. Sie betont die negativ konnotierten kapitalistischen Verhältnisse beim westdeutschen ›Klassenfeind‹. Dieser Zugriff wird auch bei der Verfilmung (1967; vgl. Kap. III,4) deutlich. Im Gegensatz zu diesen stark ideologisch geprägten Interpretationen fällt der Herausgeber der Fallada-Werke, GÜNTER CASPAR, auf. Er präferiert einen stärker empirisch geprägten Zugang und verweist bei aller Zeitgebundenheit des Romans auf die Differenz zur Realgeschichte bzw. auf deren Marginalisierung.

Die westdeutsche Rezeption der siebziger Jahre ist vor allem durch die strenge soziologische Terminologie geprägt (KROHN, 1975; HÜPPAUF, 1976). Der Literaturwissenschaftler HELMUT LETHEN kommt in seiner Untersuchung (1970) zu einem singulären Schluss, indem er einen erfolgreichen Aufklärungsprozess und damit eine ›positive‹ Entwicklung

bei Pinneberg diagnostiziert. Die Mehrzahl der Interpreten
bewerten die Funktion Lämmchens im Roman als positiv.
ERHARD SCHÜTZ (1986) legt einen Akzent auf die starken
Frauenfiguren (wie auch Mia Pinneberg) und pointiert die
Bedeutung der Körperlichkeit und der Sexualität. Pinneberg
wird zu einem schwachen Charakter bzw. zu einem gebro-
chenen Helden erklärt. In der Arbeit von WALTER DELABAR
(1999), die sich auf die narrative Verarbeitung der Endphase
der Weimarer Republik konzentriert, findet sich die kon-
struktive Metapher des »Sozialen Raums« für das Paar Pinneberg und Lämmchen.

MAX HORKHEIMER / THEODOR W. ADORNO:

»Die von der Existenz unterm Systemzwang demoralisier-
ten Massen, die Zivilisation nur in krampfhaft eingeschliffe-
nen Verhaltensweisen zeigen, durch die allenthalben Wut
und Widerspenstigkeit durchscheint, sollen durch den An-
blick des unerbittlichen Lebens und des vorbildlichen Be-
nehmens der Betroffenen zur Ordnung verhalten werden.
Zur Bändigung der revolutionären wie der barbarischen In-
stinkte hat Kultur seit je beigetragen. Die industrialisierte
tut ein übriges. Die Bedingung, unter der man das unerbitt-
liche Leben überhaupt fristen darf, wird von ihr eingeübt.
Das Individuum soll seinen allgemeinen Überdruß als
Triebkraft verwerten, sich an die kollektive Macht aufzugeben, deren es überdrüssig ist. Die permanent verzweifelten
Situationen, die den Zuschauer im Alltag zermürben, werden in der Wiedergabe, man weiß nicht wie, zum Versprechen, daß man weiter existieren darf. Man braucht nur der
eigenen Nichtigkeit innezuwerden, nur die Niederlage zu
unterschreiben, und schon gehört man dazu. Die Gesellschaft ist eine von Desperaten und daher die Beute von
Rackets. An einigen der bedeutendsten deutschen Romane
des Vorfaschismus wie *Berlin Alexanderplatz* und *Kleiner
Mann, was nun* kam die Tendenz so drastisch zutage wie

am durchschnittlichen Film und an der Verfahrungsweise des Jazz. Im Grunde geht es dabei überall um die Selbstverhöhnung des Mannes. Die Möglichkeit, zum ökonomischen Subjekt, Unternehmer, Eigentümer zu werden, ist vollends liquidiert. Bis hinab zum Käseladen geriet das selbständige Unternehmen, auf dessen Führung und Vererbung die bürgerliche Familie und die Stellung ihres Oberhaupts beruht hatte, in aussichtslose Abhängigkeit. Alle werden zu Angestellten, und in der Angestelltenzivilisation hört die ohnehin zweifelhafte Würde des Vaters auf. Das Verhalten des Einzelnen zum Racket, sei es Geschäft, Beruf oder Partei, sei es vor oder nach der Zulassung, die Gestik des Führers vor der Masse, des Liebhabers vor der Umworbenen nimmt eigentümlich masochistische Züge an. Die Haltung, zu der jeder gezwungen ist, um seine moralische Eignung für diese Gesellschaft immer aufs neue unter Beweis zu stellen, gemahnt an jene Knaben, die bei der Aufnahme in den Stamm unter den Schlägen des Priesters stereotyp lächelnd sich im Kreis bewegen. Das Existieren im Spätkapitalismus ist ein dauernder Initiationsritus. Jeder muß zeigen, daß er sich ohne Rest mit der Macht identifiziert, von der er geschlagen wird. Das liegt im Prinzip der Synkope des Jazz, der das Stolpern zugleich verhöhnt und zur Norm erhebt. Die eunuchenhafte Stimme des Crooners im Radio, der gut aussehende Galan der Erbin, der mit dem Smoking ins Schwimmbassin fällt, sind Vorbilder für die Menschen, die sich selbst zu dem machen sollen, wozu das System sie bricht. Jeder kann sein wie die allmächtige Gesellschaft, jeder kann glücklich werden, wenn er sich nur mit Haut und Haaren ausliefert, den Glücksanspruch zediert. In seiner Schwäche erkennt die Gesellschaft ihre Stärke wieder und gibt ihm davon ab. Seine Widerstandslosigkeit qualifiziert ihn als zuverlässigen Kantonisten. So wird die Tragik abgeschafft. Einmal war der Gegensatz des Einzelnen zur Gesellschaft ihre Substanz. Sie verherrlichte ›die Tapferkeit und Freiheit des Gefühls vor einem mächtigen Feinde,

vor einem erhabenen Ungemach, vor einem Problem, das
Grauen erweckt‹ [Friedrich Nietzsche, *Götzen-Dämme-*
rung]. Heute ist Tragik in das Nichts jener falschen Identität
von Gesellschaft und Subjekt zergangen, deren Grauen gerade noch im nichtigen Schein des Tragischen flüchtig sichtbar wird. Das Wunder der Integration aber, der permanente
Gnadenakt des Verfügenden, den Widerstandslosen aufzu-
nehmen, der seine Renitenz hinunterwürgt, meint den Faschismus. Er wetterleuchtet in der Humanität, mit der
Döblin seinen Biberkopf unterschlupfen läßt, ebenso gut
wie in sozial getönten Filmen. Die Fähigkeit zum Durch-
und Unterschlupfen selber, zum Überstehen des eigenen
Untergangs, von der die Tragik überholt wird, ist die der
neuen Generation; sie sind zu jeder Arbeit tüchtig, weil der
Arbeitsprozeß sie keiner verhaften läßt. Es erinnert an die
traurige Geschmeidigkeit des heimkehrenden Soldaten, den
der Krieg nichts anging, des Gelegenheitsarbeiters, der
schließlich in die Bünde und paramilitärischen Organisationen eintritt. Die Liquidation der Tragik bestätigt die Abschaffung des Individuums.«

Max Horkheimer / Theodor W. Adorno: Dialek-
tik der Aufklärung. Philosophische Fragmente.
Frankfurt a. M.: Fischer Taschenbuch Verlag, 1998.
S. 161–163. – © 1998 Fischer Taschenbuch Verlag
GmbH, Frankfurt am Main.

Max Schroeder:

»Kleiner Mann – was nun? Dieser Buchtitel machte Hans
Fallada im Jahre 1932 weltberühmt. Die Frage ›Was wird
aus dem kleinen Mann in den großen Erschütterungen der
Welt‹ war ein Hauptanliegen im gesamten Schaffen des
Schriftstellers, eine Frage, die er allgemein nie zu beantwor-
ten vermochte […]. *Kleiner Mann – was nun?* ist das Buch
des Berliner Kleinbürgers in der großen Wirtschaftskrise,
die 1929 nach dem Schwarzen Freitag an der New Yorker

Börse ausbrach und die jahrelang die ganze kapitalistische Welt schüttelte.

Anna Seghers hat im Roman *Die Rettung* die gleiche Zeit in einem westdeutschen Kohlenrevier dargestellt. In beiden Werken ist die mörderische Auswirkung der Massenarbeitslosigkeit das Hauptmotiv. Doch wie anders zeichnet es sich ab in dem Werk, in dem die Arbeiterklasse die Hauptrolle spielt, als in dem anderen, in dem Angestellte und kleine Unternehmer im Zentrum stehen und die Arbeiterschaft nur am Rande erscheint. Dort lenken Klassenbewußtsein und Solidarität den Widerstand gegen den Aushungerungsfeldzug des Finanzkapitals. Hier glaubt sich jeder auf sich gestellt und in den Kampf aller gegen alle verfangen.

Beide Bilder sind in sich richtig und ergänzen sich in wesentlichen Zügen. Doch ist das Bild von Anna Seghers überlegen, weil es den Zusammenstoß der Hauptkräfte der Gesellschaft vor Augen rückt und damit auch den Ausblick auf die endgültige Beseitigung des Übels eröffnet.

Ohne solche Einsicht muß Fallada bei der Frage stehenbleiben. [...] Seine Orientierung in diesem Punkt ist so schwach, daß er manchmal nicht den unversöhnlichen Gegensatz zwischen sozialistischen Klassenkämpfern und solchen Elementen wahrnimmt, die ihr Arbeitslosendasein mit dem braunen Hemd der faschistischen Schlägerbanden eingetauscht haben. Dieser damals weit verbreitete Irrtum, dieser Mangel an politischer Einsicht half in der Krise große Massen des Kleinbürgertums gegen ihr eigenes Interesse ins falsche Lager zu treiben, denen dann im zweiten Weltkrieg die Rechnung präsentiert wurde. [...]

Die Frage ›Kleiner Mann – was nun?‹ ist von der Geschichte längst beantwortet: theoretisch durch den wissenschaftlichen Sozialismus lange vor Ausbruch der neunundzwanziger Krise; praktisch durch den Aufbau einer krisenfreien Wirtschaft in der Sowjetunion und in den Volksdemokratien. Im kapitalistischen Lager schwirren heute wieder leere Behauptungen herum, man sei ›krisenfest‹. So sprach auch der Hitler-Faschismus, der die Wirtschaftskrise nur durch Kriegsvorbereitung und Kriegsentfesselung hinausschieben konnte. Es gibt keine Wirtschaftswunder, aber es gibt ökonomische Gesetze: Trotz verschärfter Kriegsvorbereitung, trotz faschistischer Maßnahmen kommt die zyklische Krise heute in USA und den unter ihrem Druck stehenden Ländern wieder ins Rollen. Will der ›kleine Mann‹ nicht wieder Opfer sein, so muß er den Blick darauf richten, in welchem Lager seine Zukunft liegt.«

Max Schroeder: Vorwort. In: Hans Fallada: Kleiner Mann – was nun? Berlin: Aufbau-Verlag, 1954. S. 5 f. – © 1954 Aufbau-Verlag GmbH, Berlin.

I. M. LANGE:

»Falladas beste Romane bilden eine Chronik der Zeit zwischen der Inflation und dem Ende der faschistischen Herrschaft. […] Der Anlaß ist ihm immer spontan gekommen, den Romanen fehlt (in der künstlerischen Absicht) jede Anlage zum Zyklus, keine der Figuren (selbst der autobiographisch fundierten) geht durch das Werk hindurch, wie es die vielen ständigen Figuren Balzacs tun. Dazu hat der Kreis der typischen Gestalten Falladas große Lücken: es fehlen die eigentlichen Vertreter der Bourgeoisie, und das Proletariat erscheint nur am Rande. […]

Solange und wo immer der Kapitalismus in seiner entwickeltsten Form existiert, schwankt dieser ›kleine Mann‹ zwischen allen Klassen und Herrschaftsformen. […] Seine Hoffnung war, in die Bourgeoisie aufzurücken (und diese Hoffnung teilen eigentlich alle kleinen Leute in Falladas Romanen bis 1945); sein unvermeidliches Schicksal in dieser letzten Epoche der kapitalistischen Welt zwischen Imperialismus und proletarischer Revolution war aber die Arbeitslosigkeit. In nichts, außer in ihren Ansprüchen, unterscheiden sich diese Kleinbürger von der großen Masse der kapitalistischen Reservearmee; vom Proletariat unterscheiden sie sich freilich grundsätzlich durch ihren Mangel an Klassenbewußtsein, der sie wieder und wieder zu ebenso willigen wie bulligen Helfern jeder reaktionären Propaganda macht. Hans Fallada war einer der wenigen, die diese geschichtliche Rolle der Armee der kleinen Leute gesehen und geschildert haben.

Es ist kein Zufall, daß Lämmchen, die tragende und eigentlich positive Gestalt des Romans, aus einer Arbeiterfamilie stammt. [...] Lämmchen selbst, mit dem eigentlichen Namen Emma Mörschel, ist wohl die liebenswerteste Frauengestalt Falladas, wie überhaupt die Frauen bei diesem Dichter besser wegkommen als die Männer [...]. Ihr Partner, Johannes Pinneberg, würde schon vor den ersten Schwierigkeiten kapitulieren – der Schwankende sucht in der Heirat mit Lämmchen jene Stärke, die ihm selbst fehlt.

[...]

Einen Ausweg zu zeigen ist dem Dichter hier noch nicht möglich; täte er das, so würde er einen Menschen schildern müssen, der das Kleinbürgertum überwindet, und nicht Vorgänge, die gerade typisch für die Schicht des verelendeten Kleinbürgertums waren. Es waren immer nur erst wenige aus dieser Schicht, [...] die einsahen, daß nur in den Reihen der kämpfenden Arbeiterklasse auch für das Riesenheer der kleinen Angestellten die Befreiung von der Ausbeutung und der immer drohenden Gefahr der Arbeitslosigkeit zu erreichen war. [...]

Lämmchens Klage: ›Ein kleines bißchen gerechter könnte es gern zugehen‹, bleibt die Grundstimmung dieses Romans, dessen Aktualität noch heute, angesichts unseres gespaltenen Vaterlandes und der besonderen Lage des ›kleinen Mannes‹ im kapitalistischen Staat, erhalten geblieben ist.«

I. M. Lange: Hans Fallada. In: Leonhard Frank, Hans Fallada. Hrsg. vom Kollektiv für Literaturgeschichte. Bearb. und Red.: Kurt Böttcher und Paul Günther Krohn. 3., durchges. Neuaufl. Berlin: Volk und Wissen, 1962. [¹1960.] (Schriftsteller der Gegenwart. 6.) S. 85 f., 89, 91. – Mit Genehmigung der Verlag Volk & Wissen GmbH, Berlin.

JÜRGEN MANTHEY:

»Die idyllischen Züge des Romans *Kleiner Mann – was
nun?* rühren von dieser Entrückung her, und nicht, wie in
einigen späteren Romanen, von der bewußten Absicht, der
Empfindungsseligkeit einfacherer und damit zahlreicherer
Leser entgegenzukommen. [...]
Fallada wird uns von Zeugen, die ihn kennenlernten, übrigens immer wieder als von überragender, auffallender Intel-
ligenz geschildert. Er wirkte keineswegs wie ein ›naiver‹
Dichter, der der Umwelt nur rezeptiv begegnete und der den
Wirklichkeitsstrom unreflektiert in das Bett eines rein er-
zählerischen Anliegens lenkt. [...]
In keinem anderen Roman Falladas aber finden wir Parteinahme für die sozial Schwachen und Gesellschaftskritik so
stark ausgerichtet und auf einen Standpunkt bezogen wie in
Kleiner Mann – was nun? [...] Fallada hatte bei Suses [Falla-
das Frau] Eltern und auch bei dieser selbst Lebensansichten
kennengelernt, die verhältnismäßig schroff waren. Die Bedingungen der Familie Mörschel, Lämmchens Eltern und
Bruder, entsprachen, im Buch nur vergröbert, denen der Is-
sels in Hamburg. Fallada war hier auf Vorbehalte gestoßen,
die nicht so sehr ihm als Person, sondern dem Angehörigen
einer Schicht ›zwischen den Klassen‹ galten. [...] In keinem
anderen Buch Falladas ist der Angehörige eines Berufs-
Standes so bewußt und in so überpersönlicher Bedeutung
dargestellt worden. Fallada macht Pinneberg zu einem Verkäufer, ein Beruf, an dem die schlecht bemittelte Besserstel-
lung des Angestellten dem Arbeiter gegenüber am besten
desillusioniert werden konnte. [...]
Fallada erkennt über die persönliche Erfahrung hinaus, zu
welchen Folgen die schweren Existenzbedingungen dieser
Jahre führen müssen. Hatte doch selbst der sanfte Pinneberg an sich die Neigung beobachtet, die erlittenen Demüti-
gungen an noch Schwächere weiterzugeben [...].
Dies ist, zustande gekommen vor dem Hintergrund der

wirtschaftlichen Lage der dreißiger Jahre, die extremste und am eindeutigsten politische Konsequenz, die je in einem Buch Falladas von einer Figur gezogen wird. Sein Heil allerdings erblickt auch Pinneberg nicht in dieser Entscheidung für ein politisches Programm. Sie hat auf den Rest des Buches nicht die geringste Auswirkung. Pinneberg verfällt vielmehr immer stärker in Apathie und Verzweiflung, und als ein Polizist den Abgerissenen und Hungrigen vor dem Schaufenster eines Feinkostgeschäfts davonjagt, da kleidet sich die alte Grundstimmung aller Falladaschen Negativ-Helden, nämlich das Leben nicht meistern zu können, ewig *draußen*, aus der bürgerlichen Gesellschaft ausgestoßen zu sein, eigentlich nur noch in die Worte der sozialen Anklage. [...]

Aus aller politischen Rationalisierung und außerpersönlichen Verbrämung fällt die Geborgenheitssehnsucht unverhüllt auf die Ebene psychologischer Bedingtheiten zurück. Die Versäumnisse, die im Elternhaus begannen, haben inzwischen ein überdimensionales Heimweh gestiftet. Der in frühester Jugend aus aller Anerkennung und verzeihender Zuneigung Verstoßene sieht sich immer wieder heimkehren in eine Bindung, die ihn mit Gefühlen, nicht mit äußerer Lebenserleichterung entschädigt: Ein Paradies seelischer Wiedergutmachungen, kein gesellschaftliches Utopia, so sieht die Sonnenseite der Welt aus, die uns dieser Autor in seinen Romanen erstellt.

Dazu ist auch in diesem Roman das Aufteilungs-Schema zwischen Stark und Schwach recht anschaulich gehandhabt. [...]

Es ist nicht schwer, hier ein seit frühester Jugend ungestilltes Verlangen des Autors wirksam zu sehen: Den Wunsch nach Anerkennung durch den Vater. In seiner unbewußten Ausstrahlung, erst in der figurenbildenden Transzendenz dieser Erwartung wird erkennbar, wie schwerwiegend und nachwirkend der Sohn-Vater-Konflikt wirklich gewesen ist. Nicht die kaum umgesetzten Gesten der Vater-Anklage in

den beiden frühen Romanen enthüllen das Schadens-Aus-
maß, das die Persönlichkeit des Entratenen durch den väter-
lichen Verständnismangel erlitten hat; sondern erst diese
fast naiven Verschiebungen, das sehnsüchtige Bedürfnis einiger Romanfiguren, sich immer erneut mit wohlmeinen-
dem Zuspruch einzudecken. Interessant ist darüberhinaus,
daß Vater-Imago und Objekt der Bewunderung in jedem
Falle mit Zügen ausgestattet werden, die eine Überlegenheit
aus Fähigkeiten der Lebensbewältigung bedeuten. Die Autorität von Figuren wie Stuff, Heilbutt oder Jachmann beruht nicht auf einer angemaßten gesellschaftlichen oder fa-
miliären Stellung dem Schwächeren gegenüber, vielmehr auf
nicht erst abgeforderten Zuwendungen seelischer Unterstützung, die ein an menschlichen Kräften Überlegener gewährt. Wohl lebt Jachmann mit Pinnebergs Mutter zusammen, aber er ist kein Verwandter. Zwar bezeichnet er sich
ironisch als Pinnebergs ›Vater‹, doch von einem wirklichen
Vater ist nie die Rede.«

Jürgen Manthey: Hans Fallada mit Sebstzeugnis-
sen und Bilddokumenten. Reinbek b. Hamburg:
Rowohlt Taschenbuch Verlag, 1963 [u. ö.]. (rowohlts monographien. 78.) S. 86–93. – © 1963 Rowohlt Taschenbuch Verlag GmbH, Reinbek.

GÜNTER CASPAR:

»Der Aufstieg in die Arbeiterklasse blieb Hans Fallada ver-
wehrt. Als Bürger war er deklassiert. Er nahm die Denkart
des Kleinbürgertums an und suchte nie ernsthaft nach einer
echten politischen Orientierung. So kam es, daß Fallada, als
starker Realist, in seinen Romanen viele brennende Fragen
aufwarf, aber hinter jede, ausgesprochen oder nicht, bewußt
oder nicht, ein ›Was nun?‹ setzte.
[...]
Falladas Bild ist ›in sich richtig‹. Dennoch muß man feststel-
len, daß Hans Fallada im *Kleinen Mann* seine eigenen Möglichkeiten unterschritt, daß er seine Selbstbeschränkung,

seine Abstinenz von der Politik etwas zu weit trieb. Oder anders herum gesagt: Auch in das Leben des kleinen Mannes Pinneberg haben bestimmte politische Ereignisse eingegriffen, die Fallada nicht darstellt, haben andere direkter eingegriffen, als Fallada es darstellt.

[...]

Schon diese knappe Charakterisierung jener Jahre zeigt, wie sehr Hans Falladas Darstellung am Rande des großen Geschehens bleibt. Die Gefahr des Faschismus war riesengroß geworden. Falladas Lauterbach, dieser Schläger und Nazi aus Langeweile, steht nicht für jene Kräfte, die Deutschlands größte Katastrophe heraufbeschwören sollten. Und umgekehrt, die Partei, die im August 1930 die wegweisende ›Programmerklärung zur nationalen und sozialen Befreiung des deutschen Volkes‹ abgegeben hatte, die KPD, wird unmöglich durch den etwas rüden Karl Mörschel repräsentiert, geschweige durch den Holz stehlenden Krymna, eine Figur, die den Verdacht nahelegt, Fallada verwechsele Kommunisten mit Asozialen. Die faktische Gleichstellung von Kommunisten und Nazis als den Radikalen schließlich (mehrmals im Nachspiel) zeigt ein übriges Mal, daß sich für Hans Fallada auch die elementarsten Frontstellungen immer wieder bis zur Unkenntlichkeit verwischten.

[...]

Pinneberg steht nun da nicht nur als Typus des kleinen Mannes, sondern selbstverständlich – bei einem Autor wie Fallada: selbstverständlich – auch als ein unverwechselbarer Einzelmensch. Er reagiert auf die Dinge als Typ und pinnebergsch, er hat typische Eigenschaften und pinnebergsche. (Dieser Einzelmensch wirkt andererseits dialektisch auf den Typus zurück; Pinneberg bereichert den Typus kleiner Mann zum Beispiel durch die pinnebergsche Eigenschaft, ewig Pech zu haben, ein rechter Pechvogel zu sein.)

[...]

Falladas Stärke ist die scheinbar mühelose Darlegung so vieler Milieus und die großartige, aus enger Vertrautheit mit

den Menschen gewonnene Kunst, Menschen zu charakteri-
sieren. Da brennt Hans Fallada wahre Feuerwerke ab. Figuren, Typen, Charaktere und immer: lebendige Menschen
mit ganz wenigen Strichen plastisch zu machen, darin ist er
selten erreicht.«

Günter Caspar: Nachwort. In: Hans Fallada: Ausgewählte Werke in Einzelausgaben. Hrsg. von
G. C. Bd. 2: Kleiner Mann – was nun? Berlin/Wei-
mar: Aufbau-Verlag, ⁴1970. S. 359–400. – © 1970
Aufbau-Verlag GmbH, Berlin.

HELMUT LETHEN:

»1. Proletarisierung und Aufklärung

[...]

Der Roman interessiert als die Darstellung eines Aufklä-
rungsprozesses, in dem sich letzten Endes ein ›Stehkragenproletarier‹ den Kragen vom Halse reißt und sich zerstöre-
rische Gedanken macht; in der ein ›kleiner Mann‹ mit der
Gesellschaft prozessiert, die ihm als drohendes Vernich-
tungspotential gegenüberliegt. Es interessiert die ›Echtheit‹
und ›Authentizität‹ des Krisenpersonals; das existenzielle
Klima der Angst, in dem hier die Krise erfahren wird. Es
interessiert die Sprache, in der hier ein Aufklärungsprozeß
dargestellt wird; eine Sprache, die den Verdacht provoziert,
daß hier der Autor gleichsam als Vater der Krise, die er als
ein Ritual mit seinen Kindern vornimmt, präsent ist und
mit dieser Haltung die Möglichkeit einer autoritären Lösung der Krise plausibel macht.

[...]

2. Der Konfektions-Angestellte

[...]

So sehr der Angestellte Pinneberg ein ›geborener Verkäufer‹
ist, die ›mathematische Gewißheit‹ der Rentabilität seiner
Existenz ist für ihn nicht ertragbar, sie zerstört mit dem
Schein der Individualität sein ›Selbstvertrauen‹. Erst in die-

ser Blamage seiner Individualität vor der kapitalistischen Ratio beginnt seine Aufklärung. Erst in dieser der Rationalisierung angemessenen ›mathematischen Gewißheit‹ hat er die Chance, zu erkennen, daß er als Angestellter Kapitalfunktion ausübt und zugleich ausgebeutet wird; daß seine Versatilität als Verkäufer eine gestenreiche Unterwerfung, seine Form von Einverständnis mit der Ausbeutung ist.
[...]
Der Mangel an Solidarität erklärt, warum im Roman alle Rettungsanstrengungen des Helden durch ›Einsamkeit‹ definiert werden. Die Privatheit der Rettung erscheint als Ausdruck der Unmöglichkeit, Widerstand kollektiv zu organisieren. Pinnebergs Liebe ist das Komplement seiner Angst.

3. Familie und Widerstand

Die öffentliche Sphäre, in der einzig die ›mathematische Gewißheit‹ des Helden die der Vernichtung seiner Existenz ist, wird im Roman aufgehoben durch eine Sphäre, die in keinen Herrschaftskalkül aufgehen soll. Der die bürgerlichen Vertragssysteme als Illusion erkannt und an der Möglichkeit von Solidarität im Mittelstand gründlich zu zweifeln gelernt hat, erkennt als einzige ›Bindung‹ die Liebe zu seiner Frau und einzige krisensichere Institution seine Familie. Pinnebergs Fortexistieren nach endgültiger Proletarisierung ist der Kampf gegen die Wahrheit im Ausspruch des Rationalisierungsexperten Spannfuß [...].
Während die Proletarier-Familie Mörschel gezeigt wird als strukturiert von öffentlichem Konfliktstoff, – der sozialdemokratische Vater schimpft seinen Sohn ›Sowjetjünger‹, der kommunistische Sohn den Vater mit dem Komintern-Verdikt: ›Sozialfaschist‹ – und auch die anderen Familien im Roman zerrüttet erscheinen, den Nivellierungstendenzen des Kapitalismus wehrlos ausgeliefert sind, bleibt Pinnebergs Familie ein Vorgriff auf ›sozialen Frieden‹ und zugleich ein Bild der Allianz von Angestellten und Proletariat.

Um die problematische Suggestivkraft dieses Bildes im Roman zu begreifen, muß das Verhältnis der Konstanz ihrer Liebe und der Stabilität dieser Familie zum Aufklärungsprozeß, den Pinneberg durchmacht, untersucht werden.

Um zum Ausdruck zu bringen, daß diese Liebe auf keinen kalkulatorischen Begriff zu bringen ist, ist sie mit Naturmetaphern beschrieben – als nicht auszubeutende, in sich ruhende Natur. Einsamkeit, die im Roman einmal negativ als Leiden aus Mangel an Solidarität begriffen wird, wird hier zu einer natürlichen Quelle des Glücks. ›Ihr Herz dürstet nach Einsamkeit‹ […] und drängt sie in den Gegensatz zu der sich in der Zivilisationssphäre ›zerstreuenden‹ Masse.

Der Satz, den Pinnebergs Frau ›Lämmchen‹ angesichts der restlosen Deklassierung des Familienernährers spricht: ›Alles ist Alleinsein‹, ist nicht nur Ausdruck der Entfremdung und Ohnmacht[,] sondern zugleich Ausdruck der ›Macht der Liebe‹. Natur erscheint hier als Integrum, als Auffangstation des proletarischen Mittelständlers. […]

Die größere Affinität der Frau zur Natur ist ein Clichee [sic] bürgerlicher Literatur. Es fragt sich, welche Funktion es hat, daß ›Lämmchen‹, die Tochter einer Arbeiterfamilie, gezeigt wird als die naturhaft ›Mütterliche‹, in keinem Prozeß begriffene Frau. Während Pinneberg vom ökonomischen Zwang bewegt wird, den Zusammenbruch seines Prestigedenkens erleidet und ein Bewußtsein seiner proletarischen Existenz erlangt, erscheint die Frau als der ruhende Pol und die naturhaft Aufgeklärte, der der Grundwiderspruch der Gesellschaft in ›einfachen Begriffen‹ klar ist. Während er mit seiner Aufklärung seine Entmächtigung begreift, erscheint die proletarische Frau als Inbegriff der schlummernden Potenzen der Natur, zu denen der Mann erst nach seiner Deklassierung Kontakt hat.

In diesem Komplex der ›Natur‹ sind Aufklärung, Widerstand und Versöhnung verschlungen. Vor den ›natürlichen‹ Reaktionen der Frau blamiert sich die Stehkragen-Idealität des Angestellten. Aber die Grenzen dieser Aufklärung zei-

gen sich an dem Punkt, wo ›Natur‹ die Widerstandsformen bestimmt. Die meisten Widerstandsformen bildet Pinneberg im inneren Monolog aus, indem er zu ausschweifenden Gewalttätigkeiten neigt (›In die Fresse. In die Fresse, du Hund‹), die sich aber nur der Einsicht in die Vergeblichkeit des Protestes verdanken: ›Wir ändern nichts, es ist wie eine Wand, gegen die man anläuft. Es wird nichts anders.‹
[…]
Pinneberg verschwindet nicht in der Masse der Proletarisierten. Er verschwindet in der Natur.
[…]

6. Der Autor als Manager des sozialen Friedens
[…]
Diese existenzialistische ›Authentizität‹ des Romans, die die Möglichkeit der Erfahrung der Krise an das Leiden der Opfer bindet und an den Verzicht auf jede konkrete Möglichkeit des Mächtigwerdens, hat ihren Garanten in der Autorität des Autors, als des sprachmächtigen Interpreten des Leidens.
Benjamin hatte im Lakonismus von Kracauers entlarvendem Verfahren die ›Geburt der Humanität aus dem Geiste der Ironie‹ erblickt. In Falladas Angestellten-Roman fehlt dieser Geist der Ironie. Die Humanität, die diesen Krisenbestseller trostreich machte, entspringt dem Geist der Familie. Familiäre Intimität ist ja in diesem Roman nicht nur dargestellt als Fluchtzone des gehetzten Pinneberg. […] Der Autor verwaltet die Figuren seines Romans von einer Bewußtseinsdisposition aus, die der seines Helden entspricht und die sich als historische Perspektive, als autoritäre Lösung der Krise verhängnisvoll auswirkte: als Manager des sozialen Friedens, welcher in dem dem Schicksal abgetrotzten Glück der Familie Pinneberg antizipiert erscheint.
In der Geschichte von der Proletarisierung des Johannes Pinneberg ist noch die trügerische Hoffnung gestaltet, Spuren zu hinterlassen – zumindest im intimen Raum der Fa-

milie – und nicht sinnlos zu leiden, da es Interpreten des
Leidens gibt. Diese Entschädigung für die Deklassierung
kann den Massenerfolg des Romans erklären.«

Helmut Lethen: Fallada *Kleiner Mann - was nun?*
und die bürgerlichen Mittelstandstheorien. In:
H. L.: Neue Sachlichkeit 1924–1932. Studien zur
Literatur des »Weißen Sozialismus«. Stuttgart:
Metzler, 1970. S. 157–162, 165. – © 1970/2000
J. B. Metzlersche Verlagsbuchhandlung und Carl
Ernst Poeschel Verlag GmbH, Stuttgart.

KLAUS-DIETER KROHN:

»Vereinzelung, Identifikationswünsche, autoritär bestimm-
tes Anlehnungsbedürfnis an die aktiven Starken, Sehnsucht
nach Harmonie, das sind die Elemente, die die psychische
Struktur Falladas und die seiner Helden konstituieren. Sie
sind Ausdruck der Ohnmacht, die im *Kleinen Mann* gegenüber *Bauern, Bonzen und Bomben* eine weitere Steigerung
erfährt. [...]
Eine Darstellung denkbarer Handlungsalternativen, die das
Ohnmachtsverhältnis zur Umwelt aufbrechen könnten, ist
bei Fallada nicht zu finden. [...]
Die konfuse Ambivalenz kleinbürgerlicher Ordnungsimpe-
rative Falladas scheint hier durch. Die bürgerlichen Gesetze werden von Lämmchen in ihrem inhumanen Rechts-
positivismus entlarvt, dennoch hält sie an Moralkategorien
der bürgerlichen Gesellschaft fest. Nach dieser Auffassung
wird der einzelne von den Ordnungskodices der bürgerlichen Gesellschaft zwar vernichtet, er muß sich aber dennoch an ihnen orientieren, da dies seine moralische Pflicht
ist. Moral wird von Fallada nicht als historisch bedingte
und unter bestimmten Prämissen verschleiernde Ideologie
erkannt, sondern als Absolutum gesetzt, das Ewigkeitswert
besitzt.
In der romantisch verklärten Hoffnung auf das private
Glück und im Beschwören der moralischen Pflicht kulmi-

niert die bei Fallada stereotyp wiederkehrende Forderung nach ›Anständigkeit‹. Der ideologische Charakter dieser Ersatzlösungen wird offenbar: Wie schon die Harmonisierungswünsche Falladas in der Beziehung zwischen Gareis und Stuff deutlich machten, wird hier die irreale Versöhnung des einzelnen mit der feindlich begriffenen Umwelt vorgespiegelt, die zu bewußtem Verzicht auf soziales Handeln und aktive Teilnahme an gesellschaftlicher Praxis auffordert. Daraus erklärt sich auch der große Leseerfolg von Falladas ersten Romanen, denn er reproduziert unreflektiert die Sehnsüchte und Hoffnungen der mittelständischen Schichten, die unfähig sind, ihre Konflikte zu lösen, sondern kompensatorisch zu Verdrängungsmechanismen Zuflucht nehmen, ein Faktor, der heute in den Entpolitisierungsintentionen der Regenbogenpresse subtil perfektioniert wurde. [...]

Die von Fallada angebotenen Ersatzlösungen reflektieren seine Bewußtlosigkeit gegenüber den klassengesellschaftlichen Antagonismen in der Zwischenkriegszeit. Seine Parteinahme für den deklassierten Kleinbürger basiert nicht auf rationaler Erkenntnis, sondern ist primär emotional bestimmt. [...]

Die Elemente der falschen Ideologien aus dem Amalgam von rebellischen Emotionen und reaktionären sozialen Ideen sind am Beispiel Falladas gezeigt worden. Der Kleinbürger betrachtete seine Welt als normativen, von höheren Moralprinzipien bestimmten Mikrokosmos. Sah er in der ›Gesellschaft‹ der Weimarer Republik den Inbegriff des Heterogenen, des Konflikts und die Ursache der eigenen wirtschaftlichen Misere, bedeutete die ›Gemeinschaft‹, wie etwa die der Bauern, Geborgenheit und ursprüngliche Homogenität. Dem entsprachen die zwischenmenschlichen Harmonievorstellungen und die Sehnsucht nach Versöhnung des Individuums mit der feindlichen Umwelt in einer höheren Kategorie der Anständigkeit.

Die Familie mit der Dominanz der naturwüchsig bestimmten starken Frau verkörperte die Summe dieser
Ideologeme und weist darüber hinaus auf die Schizophre-
nie des kleinbürgerlichen Charakters, indem dieses private Refugium zugleich verlorene Statusansprüche befrie-
digen soll. Wie die auf Höheres hin geordneten Wertvor-
stellungen bereits auf den autoritären Charakter weisen,
zeigen sich dessen Züge auch in den zwischenmenschlichen Beziehungen. Die von diesem Charakter verinner-
lichten sadomasochistischen Züge, die von Erich Fromm
analysiert worden sind, lassen sich auch bei Fallada fest-
stellen. In dem Gefühl der Ohnmacht, der Inferiorität
und der persönlichen Unbedeutendheit unterwerfen sich
seine Helden der vermeintlich starken Persönlichkeit bzw.
den subtileren ›innerlichen Autoritäten‹ wie Pflicht, Ge-
wissen, Moral, während sie in der sichernden Bestätigung
der Privatsphäre scheinbares Ausleben von Freiheit prak-
tizieren zu können glaubten.
Abgesehen von den antikapitalistischen Parolen der NS-
Propaganda, wie den stereotypen Schlagworten von der
›Brechung der Zinsknechtschaft‹ oder der ›Abschaffung des
Proletariats‹, die gleichfalls die Affinität der nationalsozialistischen Ideologie zur ›Panik des Mittelstandes‹ verraten,
zeigt sich auf der sozialpsychologischen Ebene die Übereinstimmung der bei Fallada herausgearbeiteten Ideologeme
mit denen der NSDAP. Erwägt man, daß der Nationalsozialismus ›die Summe aller irrationalen Reaktionen‹ der
mittelständischen Mentalität bedeutete, muß man erstau-
nen, wie wenige diffuse Grundmuster genügten, um den
mittelständischen Anhang der Nazis herzustellen. Gemein-
schaftsideologie, autoritärer Führerkult, Mutterschaftskult
und völkischer Rassenwahn als Konglomerat ewiger Moralprinzipien, das waren die Versatzstücke, unter denen sich
die wirtschaftlich verelendeten und geistig obdachlosen

Kleinbürger zusammenfanden und ihre kollektive Identität wiederzufinden hofften.«

Klaus-Dieter Krohn: Hans Fallada und die Weimarer Republik. Zur Disposition kleinbürgerlicher Mentalitäten vor 1933. In: Literaturwissenschaft und Geschichtsphilosophie. Festschrift für Wilhelm Emrich. Hrsg. von Helmut Arntzen [u. a.]. Berlin [u. a.]: de Gruyter, 1975. S. 516, 518–522. – © 1975 Verlag Walter de Gruyter GmbH & Co. KG, Berlin.

BERND HÜPPAUF:

»Konflikte können sich nun ergeben aus der unterschiedlichen Beurteilung von Relevanzen in einem Handlungsbereich und den daraus folgenden sich widersprechenden Skalen von Präferenzen der Bezugsgruppen. In einem solchen Intra-Rollenkonflikt steht Pinneberg, der das Wertsystem der einen Bezugsgruppe bewußtlos internalisiert hat und den Konflikt dadurch unlösbar macht, daß er – als sein eigenes Sanktionssubjekt – die daraus folgenden Erwartungen mit dem Anspruch auf absolute Gültigkeit in einem Handlungsbereich verfolgt, der auf einem abweichenden Wert- und Normsystem aufgebaut ist.
Pinneberg hat zu Beginn des Romans seine Sozialisationsphase bereits abgeschlossen, und er macht im Verlauf des Romans keine Entwicklung der Person mehr mit. Der ›fertige‹ Angestellte Pinneberg tritt von allem Anfang an rollenkonform auf. [...] In beiden Arbeitsverhältnissen in Ducherow steht Pinneberg in dem rollengemäßen persönlichen Abhängigkeitsverhältnis zu seinen Arbeitgebern, seine Angestelltengewerkschaft erweist sich als so wenig handlungsfähig, wie Mörschel das vorausgesagt hat und bestimmt sein Handeln dennoch nicht [...]; und sein Versuch, aus der Furcht vor Entlassung ad hoc eine ›Solidarität‹ unter den drei Angestellten von Kleinholz zu erreichen, scheitert so kläglich [...], daß er nur als Illustration der Individualisierung verstanden werden kann. [...]

Pinneberg ist nicht an einer beliebigen Rollennorm aus dem
Gesamtkomplex gescheitert, vielmehr ging es für ihn um
eine prinzipielle Wertorientierung seines Handelns an einem emphatischen Begriff vom Menschen und dessen Anerkennung um seiner selbst willen. Die Erwartung einer un-
beschadet aller Rollen und durch die Rollen hindurch zur
Geltung zu bringenden Humanität, entwickelt aus dem Bild
einer ständisch strukturierten frühbürgerlichen Gesellschaft, muß in der sozialen Welt von Berlin um 1930 zu einem unlösbaren Rollenkonflikt führen. Der Konflikt ist
aber nicht als Entfremdung im Sinn einer marxistischen Ge-
sellschaftstheorie zu verstehen. Seine Ursachen liegen nicht,
allenfalls höchst mittelbar, im ökonomischen, sondern allein
im ideologischen Bereich.
Pinneberg, der im Rollenspiel eine Möglichkeit der Ich-For-
mung sieht und eine Reziprozität der Engagements (dem
Einsatz aller persönlichen Kräfte und dem Recht auf persönliche Anerkennung entsprechen die Leistungsforderung
und die Pflicht zu persönlicher Anerkennung) erwartet, erfährt im rationalisierten Berliner Kaufhaus, daß die Ich-Lei-
stung und individuelle Ausgestaltung in der Rollenüber-
nahme für das System irrelevant sind und zur Privatsache
erklärt werden. Der so zur reinen Funktion degradierten
Rolle setzt Pinneberg die ›menschlichen Verhältnisse‹ zwischen den Interaktionspartnern entgegen, wie er sie in
einem auf persönliche Abhängigkeit aufgebauten Patriar-
chalsystem vermutet.
Allein die Personalität in den zwischenmenschlichen Beziehungen scheint für Pinneberg der Garant für deren Ehrlichkeit und Echtheit zu sein. Daher gewinnen die Familie, die
Freundschaft oder Bekanntschaft ihren zentralen Stellen-
wert. Nur aus diesem Zusammenhang ist die tiefe Erschüt-
terung zu verstehen, die Pinneberg über das ›Unechte‹ und
die Lügen seiner Mutter empfindet. [...]
Reduziert sich also dieser ›Lebensinhalt‹ der Pinnebergs unter dem Druck der Realität auf einen bloßen Schein, so löst

sich bei näherer Betrachtung auch der Hort ihrer Werte, die
Sphäre des Privaten, in gesellschaftliche Oberfläche auf. Die
Familie liefert Pinneberg den Rückhalt bei einem untypi-
schen Verhalten des sonst so typischen Angestellten: Er
scheint unabhängig von dem Bedürfnis nach Zerstreuung
zu sein. Die Wünsche nach der Spiegelkommode, einem Ki-
nobesuch usw. kommen von Lämmchen. Seit Pinneberg
nicht mehr Junggeselle ist, so heißt es einmal [...], hat er die
Zerstreuungen nicht mehr nötig. Ihm wird die Familie zum
›Asyl‹. [...] Pinnebergs privatistische Substituierung hat dagegen so wenig Verbindung mit der gesellschaftlichen
Wirklichkeit, daß sie von ihr unberührt bleibt. Und gerade
diese Gegenwirklichkeit, die eine Erfüllung aller Wünsche
und Träume ermöglichen soll, macht seine Fluchtburg Familie zu einer Märchenwelt, die von den ›Palästen der Zerstreuung‹ kaum zu unterscheiden sein dürfte. Was Kracauer
so intensiv als Kern der *Zerstreuung* beschreibt: den Glanz
ihrer *Oberfläche* als abendliche Komplementärerscheinung
zur formalen ›Anspannung, die den Tag erfüllt, ohne ihn zu
füllen‹, zeichnet in Wahrheit ja auch Pinnebergs Privatsphäre aus: ihre von den Problemen der Wirklichkeit ent-
fernte Glanzbild-Atmosphäre aus Stückwerk und Schein-
haftigkeit, zu der das echte Leben die menschlichen Beziehungen in dieser Ehe längst degradiert hat.
[...] Pinneberg geht es [...] um eine tief in das soziale und
privat-familiäre Alltagsleben versenkte Erwartung eines hu-
manen Sinnes innerhalb der bürgerlichen Gesellschaft.
Diese Erwartung wird gegen den Druck gerade der Alltags-
wirklichkeit und gegen die notwendig zu machenden Erfahrungen dadurch immunisiert, daß ihre historische Herkunft
aus dem idealisierten Bild einer patriarchalischen und ständisch gegliederten Gesellschaft des früheren 19. Jahrhunderts verdrängt und sie als natürliche, übergeschichtliche
rein menschliche Erwartung ausgegeben wird. Während
also die einen in der Vergangenheit ihr eigentliches Ziel gefunden haben, läßt sich Falladas Versuch etwa als die Inten-

tion beschreiben, im Namen vergangener Humanität der
bürgerlichen Gesellschaft zu sich selbst zu helfen. Daß er
dabei konsequent gewesen oder gar für eine Überzeugung
eingetreten wäre, läßt sich nicht behaupten. Eine Kombination aus Pinnebergs Eskapismus und Heilbutts Erfolgsstre-
ben charakterisiert das Handeln Falladas wohl eher als die
Kompromißlosigkeit Pinnebergs.«

Bernd Hüppauf: Hans Fallada. Kleiner Mann –
was nun? In: Der deutsche Roman im 20. Jahrhundert. Hrsg. von Manfred Brauneck. Bd. 1. Bamberg: Buchner, 1976. S. 216 f., 221 f., 231, 236. –
© 1976 Verlag C. C. Buchner, Bamberg.

RENATE MÖHRMANN:

»Die politische Lage hatte sich am Ende der zwanziger
Jahre zunehmend verschärft. Selbst wenn die beiden radikalen Parteien um 1929 noch keine nennenswerte Mit-
gliedschaft vorweisen konnten, war ihre kulturpolitische
Wirkung eine beträchtliche. Schon 1927 wurde der ›Bund
proletarisch-revolutionärer Schriftsteller‹ gegründet, der
entschieden für eine klassenkämpferische Literatur plä-
dierte. Ihm schlossen sich Autoren wie Ludwig Renn, Johannes R. Becher, Erich Weinert und Georg Lukács an.
Daraufhin gründeten die Nationalsozialisten 1928 den
›Kampfbund für deutsche Kultur‹, in dessen Mittelpunkt ein
deutschtümelndes, antisemitisches, bluboistisches Grund-
konzept stand, dem sich von den Schriftstellern vor allem
Alfred Rosenberg, Hanns Johst, Emil Strauß und Arnolt
Bronnen anschlossen. In dieser Phase der präfaschistischen
Ära verlagerte sich die Konfrontation zwischen Sozialdemokraten und Bürgerlichen zu einer Frontstellung zwischen KPD und NSDAP. In einer solchen Situation gerieten
linksliberale Autoren wie Döblin und Fallada zwangsläufig
zwischen alle Stühle. Von den Sozialdemokraten waren sie
enttäuscht, und vor den sich neu formierenden radikalen
Parteitypen hatten sie Angst. Ebenso wie Heinrich Mann,

Erich Kästner, Erik Reger, Kurt Tucholsky und Siegfried
Kracauer sahen sie wohl die Gefahren, wußten aber keine
Alternative. Was sie alle kennzeichnete, waren Skepsis und
Ratlosigkeit. Ihr politisches Glaubensbekenntnis war keine
Überzeugung, sondern eine Frage, nämlich ein höchst irri-
tiertes: *Was nun?* Nur vor diesem gesellschaftspolitischen
Hintergrund lassen sich auch ihre Romane verstehen.
Was Döblin und Fallada dabei verbindet, ist, daß sie diese
Ratlosigkeit auf der Ebene der kleinen Leute thematisieren.
Von daher rücken auch ihre Romanschlüsse in ideologische
Nähe. Sie sind – bei aller Unterschiedlichkeit – Ausdruck
einer gemeinsamen Desorientierung angesichts der politischen Frontenverschärfung der präfaschistischen Ära. Die
Widersprüchlichkeit, die latent den gesamten Döblinschen
Roman durchzieht, sein Schwanken zwischen Fatalismus
und Idealismus, zwischen Barock und Didaktik, wird auch
in Falladas aufgepfropfter Idylle, wenn auch ohne das ba-
rocke Pathos, deutlich. So sozialkritisch er seine Geschichte
darstellt, so euphemistisch erweist sich ihr Schluß. Er lädt
seine Helden ganz einfach im Schrebergartenglück ab und
überdeckt die Zukunft mit dem wärmenden Mantel der
Liebe. Er kritisiert zwar das System, bietet aber keine Alternativen. Er flieht in die Idylle, weil er die Lösung nicht
sieht. Döblin hingegen flieht in die Metaphysik.«

Renate Möhrmann: Biberkopf – was nun? Groß-
stadtmisere im Berliner Roman der präfaschistischen Ära. Dargestellt an Döblins *Berlin Alexanderplatz* und Hans Falladas *Kleiner Mann – was
nun?*. In: Diskussion Deutsch 40 (1978) S. 150. –
Mit Genehmigung von Renate Möhrmann, Bonn.

ERHARD SCHÜTZ:

»Es muß etwas dran sein an diesem Großstadt-Konfektio-
när als nacktem Urzeitmenschen, das so viele willig mit ihm
leiden macht. [...]
So [...] wäre der Roman im wesentlichen prototypisch für

den Betrug und Selbstbetrug der Angestelltenschicht in einer verschärften wirtschaftlichen Krise. Und füglich kann man bezweifeln, daß das allein den Publikumserfolg des Romans ausgemacht hat. [...]

Man kann nämlich den Roman auch anders, von seiner ›privaten‹ Seite her erzählen. [...]

So erzählt, ist es plötzlich eine eher sentimentale, bisweilen kitschige Liebesgeschichte, an deren Verlauf im wesentlichen Frauen schuld sind. Sieht man sich nun die Frauen näher an, dann fällt ins Auge, wie auch hier das dualistische Stereotyp wirksam ist, freilich in einer spezifischen Variante. Hier stehen nicht Mutter und Geliebte, Heilige und Hure gegenüber, sondern die hurende und die reine Mutter.

Pinnebergs Mutter ist eine sinnlich-offensive Frau. Sie trinkt und raucht, besucht Bars und führt ein etwas anrüchiges Eheanbahnungsinstitut. Sie ist öfters launisch, neigt zu Extravaganzen und ist, wie ihr Freund Jachmann sagt, ›eine herrliche Frau. Ich mag das sehr, daß sie so gierig ist und so egoistisch.‹ [...] Kurz, sie ist, was man ›lebenslustig‹ nennen könnte – aber ihrem moralpedantischen Sohn geht diese Lebenslust entschieden zu weit. [...] Lämmchen dagegen ist für Pinneberg die reine Mutter, dabei aber keineswegs ein Girl-Typ (öfters wird im Roman ihr kräftiger Busen betont). Sie wird als sexuell durchaus befriedigend dargestellt und sie überlegt sogar ernsthaft, ob sie Pinneberg, während ihrer Hochschwangerschaft, ›wenn die Unruhe über ihn kam‹ [...], nicht nahelegen solle, sich ein Mädchen zu kaufen (was sie aus Gründen der Sparsamkeit dann aber verwirft). Weil sie das alles einzig für ihren ›Jungen‹ tut, ist sie rein und lauter. [...] Sie regelt die entscheidenden Dinge des alltäglichen Lebens und weiß stets ihren Pinneberg zu trösten, wenn der mal wieder versagt oder eine Dummheit begangen hat.

Von der Figur Pinneberg her werden diese beiden Frauen als Mütterfiguren erst richtig verständlich. Pinneberg, vater-

los aufgewachsen, ist ein verwöhnter Schwächling. Er läuft mit ›Schuldgefühlen‹ durch den Roman, d. h. ist permanent selbstanklage- und unterwerfungsbereit. [...] Er ist feige (wenn er zum Beispiel, was sehr genau geschildert wird, versucht, seine Ehe mit Lämmchen vor der Umwelt zu verheimlichen), antriebsarm, hilflos, bestenfalls gutmütig, rührselig und von Symbiosewünschen aufgesogen: Sentimental, gefühlsselig, genauer gefühlsunselig, in unseliger Gefühligkeit, phantasiert er sich beständig ins Symbiotische. So ist Lämmchens Sexualität im Roman ›eigentlich nur eine Fortsetzung ihres Gutenachtkusses, ein Anschmiegebedürfnis, ein Zärtlichkeitsverlangen. Lämmchen wollte ihren Jungen nur ein Weilchen im Arm halten‹ [...]. Es ist die Idylle, in der er infantil, der ›Junge‹ sein darf. [...]
Und das ist es, was den Roman so erfolgreich gemacht hat: Die unablässig kleinlichen Gekränktheiten, das klägliche Verzagen im Alltag einerseits und die sentimental niedlichen bis grob kitschigen, idyllenwütigen Symbioseanfälle des Autors. [...] Andererseits zeigt er aber auch mit durchaus bösem Blick das Scheinhafte, Leere und Inhumane von bürgerlicher Moral und bürgerlichem Gesetz in ökonomischer Krisenzeit. Seine Figuren sind davon gezeichnet. Durch die abstrakt sich vollziehende bürgerliche Ordnung droht ihnen Vernichtung, aber da sie in jedem Augenblick diese Ordnung in sich selbst haben, richten sie sich nach ihr – bis zur Selbstpreisgabe. Ausweg bietet, scheint's, nur die Regression ins private Idyll, in die symbiotisch phantasierte, ›liebe‹ Kleinfamilie.
[...]
Fallada hat die Folgen der imaginären Herrschaft durch sinnliche Entmächtigung der Männer als Ermächtigung der Frauen am eigenen Leibe ausgetragen.«

Erhard Schütz: Romane der Weimarer Republik. München: Fink, 1986. S. 172–176. – © 1986 Wilhelm Fink GmbH & Co., Verlags-KG, München.

WALTER DELABAR:

»Ein Ende im Abseits. Wenn man sich den Roman jedoch
recht besieht, hat Pinneberg eigentlich nie dazugehört.
Denn von Beginn an steht seinen Bemühungen, in der Welt
seinen Mann zu stehen und seiner kleinen Familie ein aus-
reichendes Einkommen zu verschaffen, jener idyllische
Raum wahrer Liebe gegenüber, der aus dem Paar mit dem
Kind gebildet wird. Aus ihm heraus agiert er und in ihn
zieht er sich zurück. Er bildet sein eigentliches Zentrum. ›Ja,
hier ist das Glück‹.
Dieses Muster ist von Beginn an gesetzt. Der Roman hebt
mit dem Gang der beiden zum Frauenarzt an, der ihnen
schließlich die Ankunft ihres Kindes eröffnen wird. Aus
den getrennten Individuen wird spätestens jetzt ein Paar,
ein selbständiger sozialer Raum.
Und die beiden lernen sich gerade deshalb kennen, weil sie,
aus verschiedenen Richtungen kommend, allein den Strand
entlang wandern, um in der Mitte zwischen zwei umtriebi-
gen, lärmerfüllten Orten aufeinander zu treffen. Spätestens
mit diesem Auszug aus der Gesellschaft ist ihre Sonderstel-
lung manifest. Sie wird den gesamten Roman hindurch
immer wieder bestätigt, bestärkt, und sie bestimmt auch
das Schlußbild: der Weg- und Ausgestoßene ist hier in einem Schutzraum aufgehoben, in dem die Regeln der Rest-
gesellschaft nicht gelten. Die Szene, in der sie sich kennenlernen, hier ein weiteres Mal erinnert, ist darauf das Siegel.
Von der Monade ist Fallada zur Triade fortgeschritten, unter dem Verlust sämtlicher Herrlichkeit für seine männlichen Figuren.
[...] In der Konstellation, wie sie Fallada vorführt, ist die
Konzentration auf den Mann als Aktivposten der gesellschaftlichen Veränderung, Gestaltung und Aktion völlig zu-
rückgenommen. In jenem weinerlichen und regressiven Johannes Pinneberg, dessen Hilf- und Orientierungslosigkeit
kaum zu übertreffen sind, der in seiner Identität gnadenlos

auf die Bestätigung durch Lämmchen angewiesen ist, ist
mehr versteckt als die Unfertigkeit des Autors Fallada, der
sich in dieser Figur selbst porträtiert haben mag. Gerade
diese Negativ-Ausstattung der Figur Pinneberg formuliert
ein Konzept mit weitreichenden Konsequenzen: In der De-
montage des Mannes Pinneberg verabschiedet sich zugleich
ein Modell der Welt, in dem Männer im öffentlichen Raum
handeln und Frauen auf den Raum des Hauses verwiesen
bleiben. In der Tat, wenn man im Vokabular nicht eine
merkwürdige Richtung erkennen würde, eine ›Selbstverhöhnung des Mannes‹. Mit diesem Schritt geht Fallada allerdings – entgegen der Ansicht Adornos und Horkheimers –
über das Angestellten- und Kleinbürgerambiente hinaus
und macht Aussagen über die Veränderungen der Lebens-
räume, in denen er seine Figuren sich bewegen läßt. Atte-
stieren die beiden Autoren der Kritischen Theorie dem
Roman, den sie immerhin als einen der bedeutenden der
Weimarer Republik angesehen haben, vorrangig die De-
monstration des Einverständnisses mit der Welt und der
Selbsterniedrigung, zielt er, meines Erachtens, auf etwas
ganz anderes, nämlich darauf, wie diese Welt mit den einzelnen verfährt, wie sie sie unterwirft und wie sie sich in ihr
Rückzugsräume schaffen, in denen sie geschützt sind.
Man mag Falladas soziale Figur kitschig oder verhängnisvoll finden, jenseits davon – und das steht hier im Vorder-
grund – ist darin vor allem ein Konzept zu sehen, ein Modell, das sich demselben grundsätzlichen Problem stellt,
dem sich auch die anderen Figuren, von denen bislang die
Rede war, gegenübersehen: Wie denn in der Welt, wie sie
(neuerdings) ist, adäquat zu handeln ist. Statt der Selbster-
mächtigung des einzelnen Mannes und der Integration in
den kollektiven Konnex präsentiert Fallada hier das Modell
eines nahezu abgeschlossenen sozialen Kleinraums, der als
handelnde Einheit wenn schon nicht erfolgsträchtiger ist als
es der einzeln handelnde Mann wäre, so doch immerhin ein
Residuum darstellt, in das der Mann sich retten kann, wenn

der Rest der Welt in die Brüche geht oder ihn ausstößt. Ob
man es darauf zuspitzen will, daß das Paar, die Familie vor
allem für jene Männer eine letzte Rettung bedeutet, die zu
schwach, zu weinerlich, zu regressiv und zu antriebsarm
sind, um sich durchzusetzen, in der Gesellschaft oder gegen
sie, bleibt jedem Interpreten überlassen. Seine basale Position (wenigstens für diesen Roman) wird jedenfalls davon
nicht berührt.«

Walter Delabar: Was tun? Romane am Ende der
Weimarer Republik. Opladen/Wiesbaden: Westdeutscher Verlag, 1999. S. 20 f. – © 1999 Westdeutscher Verlag GmbH, Opladen und Wiesbaden.

V. Quellen und Dokumente, Texte zur Diskussion

BENNO MARX, *Bankenfusion und Angestelltenschicksal*:

»Die Fusion der D-Banken wird nicht nur das Gesicht des deutschen Bankwesens ändern, sondern sie wird auch das Gesicht der deutschen Wirtschaft ummeißeln. Man wird wachsam die Konturen zu verfolgen haben, die aus ihrem Antlitz neu hervorzutreten beginnen.

Es ist selbstverständlich, daß die Fusion zu einer Quelle steigender Beunruhigung der Bankangestelltenschaft geworden ist. Allen Angestellten kommt die Unsicherheit ihrer Stellung mit brutaler Deutlichkeit zum Bewußtsein. [...] Man kann behaupten, daß die in den Banken zu bewältigende Arbeitslast sich seit 1924 verfünffacht hat, bei einer um zwei Drittel verringerten Angestelltenzahl. Hier zeigt sich das Ergebnis des Rationalisierungsprozesses, gleichzeitig aber auch die Wurzel der sprichwörtlichen Überstundenwirtschaft im Bankgewerbe, die in der Öffentlichkeit genugsam bekannt ist.

Angesichts dieser Lage und angesichts der fortgesetzt festzustellenden Überstunden sollte man meinen, daß mit dem Abbau der Angestellten Schluß gemacht und an einen Wiederaufbau der zu stark reduzierten Belegschaften herangegangen werden müßte. Das Gegenteil ist beabsichtigt. [...] Dagegen setzen sich die Bankangestellten entschieden zur Wehr; denn mit vernünftiger Rationalisierung hat ein so weitgehendes Abbauprogramm nichts mehr zu tun. Die Bankangestellten müssen verlangen, daß, bevor über einen weiteren Abbau von Angestellten auch nur diskutiert werden kann, zuvor das krasse Mißverhältnis zwischen Angestelltenzahl und Leitungsapparat beseitigt wird. [...] Will man also wirklich rationalisieren, dann ist hier der Hebel anzusetzen, die Volldirektoren nicht ausgenommen, von denen jeder einzelne mehr verdient als 300 Angestellte zusammen. Daß daran jedoch nicht gedacht wird, dafür bietet die Art und Weise, wie der Zusammenschluß Deutsche Bank-Disconto-Gesellschaft sich vollzogen hat, den besten Beweis. An der Spitze dieses Rieseninstituts steht ein Aufsichtsrat von 119 Köpfen. Da man bei diesen Herren nicht so derb zupacken kann, wie bei den Angestellten, so wird man es wohl dem unerforschlichen Ratschlusse einer höheren Instanz überlassen, in welchem Tempo und in welcher Reihenfolge sich hier der Abbau vollziehen soll.«

Benno Marx: Bankenfusion und Angestelltenschicksal. In: Der Beamte 2 (1930) S. 23 ff. Zit. nach: Familienleben im Schatten der Krise. Dokumente und Analysen zur Sozialgeschichte der Weimarer Republik. Hrsg. von Jens Flemming, Klaus Saul und Peter-Christian Witt. Düsseldorf: Droste, 1988. S. 263–265. – © 1988 Droste Verlag, Düsseldorf.

OTTO SUHR, *Der Haushalt der Angestellten*:

»Die wirtschaftlichen Lebensverhältnisse der Angestellten in der Nachkriegszeit sind bisher wenig erforscht. So wichtig die Kenntnis der Lebensführung der Angestellten für alle Fragen der Gewerkschafts- und Sozialpolitik ist, so stellen sich doch allen statistischen Erhebungen bei der verschiedenartig zusammengestellten Masse der Angestellten große Schwierigkeiten entgegen. Der AfA-Bund hat im letzten Jahr versucht, durch eingehende Erhebungen über die Erwerbslosigkeit und die Gehälter der Angestellten zu solcher Klärung der sozialen und wirtschaftlichen Verhältnisse beizutragen. [...]
Die Haushaltsstatistik, die der AfA-Bund zu diesem Zweck unternommen hat, stützt sich auf Wirtschaftsbücher, [...] in denen ein Jahr lang alle Einnahmen und Ausgaben des täglichen Lebens eingetragen wurden. Die Haushaltungsstatistik untersucht die Frage: Wie lebt die Familie des Ange-

stellten, was kann sich der Angestellte von seinem Gehalt kaufen? Das Gehalt als solches gibt dabei nur den Rahmen ab, in dem sich die wirtschaftliche Lebensführung bewegt.

Das durchschnittliche Einkommen der Angestellten, die sich an der Erhebung beteiligten, belief sich einschließlich Steuern und Sozialversicherungsbeiträgen, aber auch jenen Einnahmen, die einer Familie aus dem Nebenverdienst von Frau und Kindern zufließen, auf 369,54 Mk. monatlich. Selbst wenn man die Nebeneinnahmen, die durchschnittlich 9 Proz. des Gesamteinkommens betragen, absetzt, ergibt sich ein Einkommen, das weit über das Durchschnittsgehalt aller Angestellten hinausgeht. Aufgrund der Beiträge zur Angestelltenversicherung hat das Konjunkturforschungsinstitut das durchschnittliche Arbeitseinkommen der Angestellten auf 159,50 Mk. im Januar 1927 berechnet. Bei der Beurteilung der Wirtschaftsrechnungen darf nicht übersehen werden, daß eine Haushaltungsstatistik keine Einkommensstatistik ist. Die Auswahl der Familien ist immer mehr oder weniger zufällig. Doch ist es kein Zufall mehr, daß sich nur die bessergestellten Angestellten zur Mitarbeit an einer solchen, mit mannigfachen Mühen verbundenen Statistik bereitgefunden haben, während die Sorge um das tägliche Brot den schlechtbezahlten Angestellten anscheinend nicht die nötige Ruhe ließ, um fortlaufend die täglichen Eintragungen durchzuführen. Dadurch bleibt diese Erhebung bedauerlicherweise [...] auf die verhältnismäßig kleine Gruppe besser bezahlter Angestellter beschränkt; Rückschlüsse auf die Lage minderbemittelter Angestellter sind nur mit großer Vorsicht möglich, weil nach einer längst beobachteten Gesetzmäßigkeit, die auch wiederum durch die AfA-Statistik erhärtet wird, sich mit steigendem Einkommen die Bedürfnisse verschieben. [...]

Die Familie der Angestellten bestand im Durchschnitt aus 3,6 Personen. Trotzdem entfiel auf jede Familie immer nur ein Kind unter 14 Jahren. Auffallend hoch ist der Prozentsatz der ›Kostgänger‹. Unter ›Kostgängern‹ verstehen wir alle jene Verwandten und fremden Personen, die nicht an allen Ausgaben des Haushalts teilhaben und über eigene Einnahmen verfügen, die nur teilweise im Budget der Familie erscheinen. Diese Zusammensetzung der Familie – im Durchschnitt nur ein Kind unter 14 Jahren, aber fast in jeder Familie eine ›dritte‹ Person – ist charakteristisch für die soziale Lage der Angestellten nach dem Kriege. In Anlehnung an den Aufbau des amtlichen Lebenshaltungsindex gliedern wir die Ausgaben in unserer Statistik in fünf Sammelposten: 1. Ernährung, 2. Wohnung, 3. Kleidung, 4. Heizung und Beleuchtung und 5. den sogenannten Kulturbedarf. Die nachfolgende Tabelle zeigt, wie sich die Ausgaben pro Familie auf die einzelnen Sammelposten absolut und prozentual verteilen. Die durchschnittlichen Ausgaben im Monat:

Ausgaben für die Familie

	in Mk.	in Prozenten
Ernährung	135,27	36,51
Wohnung	52,83	14,25
Kleidung	45,60	12,32
Heizung, Beleuchtung	12,42	3,25
Sonstige Ausgaben	124,41	33,58
Summe	370,50	100,00

[...] Im Haushalt eines Angestellten mit einem Monatseinkommen von rund 370 Mk. halten sich die Ausgaben für Ernährung und den sogenannten Kulturbedarf nahezu die Waage. [...] Die Ausgaben für Nahrungs- und Genußmittel stehen mit 135,27 Mk. im Monat relativ und absolut an erster Stelle. Dennoch ist der Aufwand für Ernährung geringer als man nach früheren Erhebungen vergleichsweise erwarten mußte. [...]
Der wachsende Kulturbedarf drückt anscheinend im Haus-

Fotomontage von John Hartfield
Arbeiter Illustrierte Zeitung vom Oktober 1930

halt der Angestellten die Ausgaben für Ernährung. Diese
Entwicklung hat sowohl bei den Arbeitern, aber noch mehr
bei den Angestellten, in den letzten 20 Jahren eine Verschär-
fung erfahren. Auch der Arbeiterhaushalt ist heute, wie eine
amtliche Erhebung 1925 in Hamburg gezeigt hat, anders
zusammengesetzt. [...] Die ›sonstigen‹ Ausgaben für den
Kulturbedarf treten immer stärker in Erscheinung. Sie fallen durch ihre außerordentliche Höhe – sie beanspruchen
33,58 Proz. aller Ausgaben – von vornherein auf und geben
dem Angestelltenhaushalt geradezu sein charakteristisches
Aussehen. Unter diesen sonstigen Ausgaben sind nicht etwa
kleine, unkontrollierbare Nebenausgaben zusammengefaßt,
sondern es handelt sich um unumgänglich notwendige Aufwendungen für die Kulturbedürfnisse des täglichen Lebens.
Dabei kann auch nicht die Rede von irgendeinem Luxus-
bedarf sein, sondern ein großer Teil dieser Ausgaben ist
zwangsläufig. Es sind nicht nur die Aufwendungen für
geistige und gesellige Bedürfnisse, sondern vor allem Steu-
ern, Beiträge zu Versicherungen und Organisationen, Schul-
geld und Unterstützungen, Fahrgeld und Arztrechnungen.
Der Einfachheit halber sind auch die Sparkasseneinlagen,
die rund 1 Proz. des Einkommens betragen, hier mit einge-
rechnet.
In den Aufwendungen für die Wohnung sind die Ausgaben
für die Miete und für Reinigung und Neuanschaffungen zusammengefaßt. [...]
An letzter Stelle stehen die Ausgaben für Kleidung mit
45,60 Mk. im Monat in der Familie oder 12,9 Proz. des Ge-
samtbudgets. Dabei handelt es sich nicht nur um Neuanschaffungen, sondern auch um Reinigung und Ausbesserung der Kleidung und Wäsche, wobei der größere Anteil
(32,65 Mk.) auf die Kleidung einschließlich Schuhwerk, der
kleinere (12,95 Mk.) auf die Wäsche entfällt. [...]
Allerdings stützt sich die Erhebung auf die verhältnismäßig
kleine Gruppe der besserbezahlten Angestellten. Doch auch
dieser kleine Ausschnitt gewährt einen interessanten Ein-

blick in die Haushaltung der Angestellten und gestattet ge-
wisse Rückschlüsse auf die Lebensverhältnisse der großen
Masse der Angestellten, die sich mit einem kargen Einkommen begnügen müssen. Überblickt man die einzelnen Aus-
gabenposten in den von uns untersuchten Haushaltsrech-
nungen, so wird man kaum einen finden, an dem wesent-
liche Abstriche gerechtfertigt werden könnten. Trotzdem ist
die große Masse der Angestellten gezwungen, ihre Aufwendungen für Wohnung und Ernährung wesentlich einzu-
schränken und auf fast alle Anschaffungen für Kleidung
und Kulturbedarf zu verzichten.«

Otto Suhr: Der Haushalt der Angestellten. In:
Afa-Bundeszeitung 10. Nr. 1 (1928) S. 3 f. Zit.
nach: Ebd. S. 67–70. – © 1988 Droste Verlag, Düsseldorf.

Siegfried Kracauer, *Die Angestellten*:

»Jedenfalls gelten für breite, im Angestelltenverhältnis be-
findliche Schichten ähnliche soziale Bedingungen wie für
das eigentliche Proletariat. Es hat sich eine industrielle Reservearmee der Angestellten gebildet. Der Auffassung, daß
sie eine vorübergehende Erscheinung sei, steht die andere
gegenüber, daß sie erst mit dem System abgerüstet werden
könne, durch das sie heraufbeschworen worden ist – eine
Diskussion, von der noch zu reden sein wird. Ferner ist die
Existenzunsicherheit gewachsen und die Aussicht auf Un-
abhängigkeit nahezu völlig geschwunden. Kann danach der
Glaube aufrechterhalten werden, daß die Angestelltenschaft
so etwas wie ein ›neuer Mittelstand‹ sei? Man wird sehen,
daß die für Angestellte produzierten Illusionen auf reich-
liche Nachfrage stoßen.
Immerhin ist der Wirklichkeitssinn der Angestellten durch
ihre gedrückte materielle Lage geschärft worden. Durch-
schnittsgehälter, die für Ausgelernte bei unter 150 Mark an-
heben und für berufsältere Kräfte in gehobenen Stellungen

kaum je 500 Mark erreichen, nötigen sie dazu, sich mindestens in ökonomischer Hinsicht als Arbeitnehmer zu fühlen. Das Einkommen der weiblichen Angestellten ist übrigens in der Regel 10 bis 15 Prozent niedriger. In dem Kampf um bessere Arbeitsbedingungen haben sich gegen 30 Prozent der Angestellten gewerkschaftlich organisiert. Die drei Spitzenverbände sind:

A) Der Allgemeine Freie Angestelltenbund (Afa-Bund) mit über 400 000 Mitgliedern. Ihm angeschlossen: der Zentralverband der Angestellten (Z.d.A.), der Deutsche Werkmeisterverband, der Bund der technischen Angestellten und Beamten (Butab), der Allgemeine Verband der Deutschen Bankangestellten; ferner seemännische Verbände und beinahe alle Gewerkschaften der Künstler. Ein Organisationsvertrag regelt die Beziehung des freigewerklichen Afa-Bundes zum Allgemeinen Deutschen Gewerkschaftsbund; politisch ist er mit der Sozialdemokratischen Partei verwachsen. Er erstrebt den Ausbau der sozialpolitischen Gesetzgebung und die Überführung des kapitalistischen Systems in die vergesellschaftete Wirtschaft.

B) Der Gewerkschaftsbund der Angestellten (G.d.A.). Er ist ein Einheitsverband, der Angestellte aller Berufe umfaßt; in der Hauptsache kaufmännische und Büro-Angestellte. Zusammen mit dem Deutschen Bankbeamtenverein und dem Allgemeinen Verband der Versicherungsangestellten, mit denen er in dem die Hirsch-Dunckerschen Gewerkvereine einbegreifenden Deutschen Gewerkschaftsring organisiert ist, bildet er die 376 000 Mitglieder umfassende ›freiheitlich-nationale‹ Gruppe der Angestelltenbewegung. Seine Haltung ist in ihren Grundzügen demokratisch. Gewerkschaftspolitisch stimmt er weitgehend mit dem Afa-Bund überein.

C) Der Gesamtverband Deutscher Angestelltengewerkschaften (Gedag) mit über 400 000 Mitgliedern. Seine wichtigsten Verbände sind der Deutschnationale Hand-

lungsgehilfen-Verband (D.H.V.) und der Verband der
weiblichen Handels- und Büroangestellten. Der Gedag
gehört zum christlich-nationalen Flügel der Gewerkschaften. Er ist ein Gegner des Sozialismus und mit Antisemitismus behaftet. Sein oft radikales gewerkschaft-
liches Vorgehen in Tarifverhandlungen läßt sich mit seiner bürgerlich-ständischen Ideologie schwer auf einen
gemeinsamen Nenner bringen.
Außerdem ist noch ein Reichsbund Deutscher Angestell-
ten-Berufsverbände (mit 60 000 Mitgliedern) vorhanden,
der sich dem Reichsausschuß werksgemeinschaftlicher Verbände anschließt. Nicht unwichtig zu erwähnen, daß sich
die Vereinigung der leitenden Angestellten (Vela) von der
gewerkschaftlichen Betätigung zurückhält. Sie begnügt sich
mit der Krankenhilfe, einer Sterbekasse und allgemeiner In-
teressenvertretung.

Das sind ein paar Tatsachen. Sie umreißen notdürftig das
Gebiet, in das diese kleine Expedition gehen soll, die vielleicht abenteuerlicher als eine Filmreise nach Afrika ist.
Denn indem sie die Angestellten aufsucht, führt sie zugleich
ins Innere der modernen Großstadt. [...] Berlin ist heute die
Stadt der ausgesprochenen Angestelltenkultur; das heißt einer Kultur, die von Angestellten für Angestellte gemacht
und von den meisten Angestellten für eine Kultur gehalten
wird. [...]
Es gibt schnelle und langsame Abbaumethoden. [...] Bei
den lochenden Mädchen rechnet man im allgemeinen mit
dem ›natürlichen Abgang‹; das heißt, man erwartet, daß sie
von selber den Betrieb verlassen, wenn sie das Alter heran-
nahen fühlen. Obwohl die Gekündigten schon über dreißig
Jahre zählten, wankten und wichen sie nicht. Hatten sie
etwa die Absicht, sich durch fortgesetztes Lochen so lange
abzunutzen, bis ihnen die Extravergütung sicher gewesen
wäre? Man hat ihnen eine großzügige Abfindung gewährt,
aber sie werden in ihrem Alter kaum wieder unterkommen.

[...] Da sie mit einem durch die Bürozulage vermehrten Gehalt ganz erträglich wirtschaften können, scheuen sie vor einer Ehe zurück, in der sie sich materiell verschlechterten. Werden sie dann später freigesetzt, so kriegen sie weder eine neue Stellung noch einen Mann. [...]

Kleines Herbarium

Die Angestellten leben heute in Massen, deren Dasein, in Berlin und den übrigen großen Städten vor allem, mehr und mehr ein einheitliches Gepräge annimmt. Gleichförmige Berufsverhältnisse und Kollektivverträge bedingen den Zuschnitt der Existenz, die überdies, wie sich zeigen wird, dem uniformierenden Einfluß gewaltiger ideologischer Mächte untersteht. Alle diese Zwangsläufigkeiten haben unstreitig zur Heraufkunft gewisser Normaltypen von Verkäuferinnen, Konfektionären, Stenotypistinnen usw. geführt, die in den Magazinen und den Kinos dargestellt und zugleich gezüchtet werden. Sie sind ins Allgemeinbewußtsein eingetreten, das sich nach ihnen sein Gesamtbild von der neuen Angestelltenschicht formt. Die Frage ist, ob das Bild die Wirklichkeit entscheidend trifft.
Es deckt sich mit ihr nur zum Teil. Und zwar vernachlässigt es vorwiegend alle die Züge, Figuren und Erscheinungen, die aus dem Zusammenprall der gegenwärtigen Wirtschaftsnotwendigkeiten mit einer ihnen fremden Lebensmaterie entstehen. Das Leben der proletarischen wie überhaupt der ›unteren‹ Volksschichten fügt sich ja keineswegs ohne weiteres den Forderungen der rationalisierten Wirtschaft. Ihnen entspricht vielmehr die in der eigentlichen Bourgeoisie heimische formale Bildung ungleich besser als das gebundene Denken jener Schichten, das von bestimmten Inhalten besetzt und in greifbaren Stoffen befangen ist. In seiner Unangemessenheit an das abstrakte wirtschaftliche Denken hat gewiß auch die Unternehmerklage über die Indolenz vieler Angestellten ihren Grund.
[...]

Ererbte Moralbegriffe, religiöse Vorstellungen, Aberglaube und überlieferte Weisheit aus dürftigen Stuben – das alles treibt mit und wirft sich unzeitgemäß der herrschenden Lebenspraxis entgegen. Man sollte diese Unterströmungen nicht vergessen. Wo sie vorhanden sind, dort kommt es zu schwierigen Kämpfen einzelner mit der Umwelt. Die heute übliche sexuelle Freizügigkeit etwa macht gerade in den unteren Angestelltenkreisen genug jungen Leuten zu schaffen. Sie möchten ihre eigenen Empfindungen ausdrücken; sie widersetzen sich dem System, das ihr Dasein zu bestimmen sucht, und werden doch von dem System übermannt. Ist einer dumpf und beschränkt wie ein mir bekannter einundzwanzigjähriger kaufmännischer Angestellter, so entstehen furchtbare Mißbildungen. […]

Unter Nachbarn

›Eine einheitliche Arbeitnehmerschicht ist in Bildung begriffen. Die Gruppierung der Bevölkerung nach Klassengesichtspunkten hat seit der Zeit vor dem Krieg große Fortschritte gemacht.‹ Was Emil Lederer und Jakob Marschak in ihrer ausgezeichneten Abhandlung ›Der neue Mittelstand‹ (Grundriß der Sozialökonomik, IX. Abteilung, 1. Teil) behaupten, in der 1926 zum erstenmal die Aufmerksamkeit auf die veränderte Lage der Angestellten gelenkt worden ist, hat Lederer selbst erst kürzlich wieder einschränken müssen. ›Teilen auch die kapitalistischen Zwischenschichten heute bereits das Schicksal des Proletariats,‹ schreibt er in seiner Abhandlung ›Die Umschichtung des Proletariats‹ (enthalten im Augustheft 1929 der *Neuen Rundschau*), ›so hat ihre Mehrheit doch noch nicht ihre bürgerliche Ideologie aufgegeben.‹ Mit seinem Urteil stimmt das von Richard Woldt überein, der in einer (dem Sammelwerk *Strukturwandlungen der Deutschen Volkswirtschaft* einverleibten) Studie über die deutschen Gewerkschaften der Nachkriegszeit die Einstellung der herabgesunkenen Mittelschichten wie folgt kennzeichnet: ›Noch steht eine bestimmte berufsständische Ideologie in einem Spannungsverhältnis zu der tatsächlichen Entwicklung.‹

Auf das Monatsgehalt, die sogenannte Kopfarbeit und einige andere ähnlich belanglose Merkmale gründen in der Tat gegenwärtig große Teile der Bevölkerung ihre bürgerliche Existenz, die gar nicht mehr bürgerlich ist; durchaus im Einklang mit der von Marx ausgesprochenen Erfahrung, daß der Überbau sich nur langsam der von den Produktivkräften heraufbeschworenen Entwicklung des Unterbaus anpasse. Die Stellung dieser Schichten im Wirtschaftsprozeß hat sich gewandelt, ihre mittelständische Lebensauffassung ist geblieben. Sie nähren ein falsches Bewußtsein. Sie möchten Unterschiede bewahren, deren Anerkennung ihre Situation verdunkelt; sie frönen einem Individualismus, der dann allein sanktioniert wäre, wenn sie ihr Geschick noch als einzelne gestalten könnten. Auch dort, wo sie in und mit den Organisationen als Arbeitnehmer um bessere Daseinsbedingungen kämpfen, ist häufig ihr wirkliches Dasein durch das bessere bedingt, das sie einst hatten. Eine verschollene Bürgerlichkeit spukt in ihnen nach. [...]

Daß die Krone der Angestelltenschöpfung der Bankbeamte sei, ist zum mindesten bei den Bankbeamten ein weitverbreiteter Glaubenssatz. Er hat sich aus den Urzeiten der Branche fortgeerbt, ist ersichtlich an die intime Beschäftigung mit dem Geld geknüpft und erhält eine Art von äußerer Bestätigung durch die fürstlichen Bankpaläste im Renaissance-Stil. Kathedralen steigern so die Frömmigkeit, aus der sie erwachsen sind. [...]

Asyl für Obdachlose

Der Durchschnittsarbeiter, auf den so mancher kleine Angestellte gern herabsieht, ist diesem oft nicht nur materiell, sondern auch existentiell überlegen. Sein Leben als klassenbewußter Proletarier wird von vulgärmarxistischen Begriffen überdacht, die ihm immerhin sagen, was mit ihm

gemeint ist. Das Dach ist allerdings heute reichlich durch-
löchert.

Die Masse der Angestellten unterscheidet sich vom Arbei-
ter-Proletariat darin, daß sie geistig obdachlos ist. Zu
den Genossen kann sie vorläufig nicht hinfinden, und das
Haus der bürgerlichen Begriffe und Gefühle, das sie bewohnt hat, ist eingestürzt, weil ihm durch die wirtschaftliche Entwicklung die Fundamente entzogen worden sind.
Sie lebt gegenwärtig ohne eine Lehre, zu der sie aufblicken,
ohne ein Ziel, das sie erfragen könnte. Also lebt sie in
Furcht davor, aufzublicken und sich bis zum Ende durch-
zufragen.

Nichts kennzeichnet so sehr dieses Leben, das nur in einge-
schränktem Sinne Leben heißen darf, als die Art und Weise,
in der ihm das Höhere erscheint. Es ist ihm nicht Gehalt,
sondern Glanz. Es ergibt sich ihm nicht durch Sammlung,
sondern in der Zerstreuung. ›Warum die Leute so viel in
Lokale gehen?‹, meint ein mir bekannter Angestellter, ›doch
wohl deshalb, weil es zu Hause elend ist und sie am Glanz
teilhaben wollen.‹ Unter dem Zuhause ist übrigens außer
der Wohnung auch der Alltag zu verstehen, den die Inserate
der Angestellten-Zeitschriften umreißen. Sie betreffen in ihrer Mehrzahl: Federn; Kohinoor-Bleistifte; Hämorrhoiden;
Haarausfall; Betten; Kreppsohlen; weiße Zähne; Verjün-
gungsmittel; Verkauf von Kaffee in Bekanntenkreisen;
Sprechmaschinen; Schreibkrampf; Zittern, besonders in Gegenwart anderer; Qualitätspianos gegen wöchentliche Ab-
zahlung usw. Eine zu Reflexionen neigende Stenotypistin
äußert sich ähnlich zu mir wie jener Angestellte: ›Die Mädels kommen meist aus geringem Milieu und werden vom
Glanz angelockt.‹ Sie begründet dann höchst merkwürdig
die Tatsache, daß die Mädels im allgemeinen ernste Unterhaltungen meiden. ›Ernste Unterhaltungen‹, sagte sie, ›zer-
streuen nur und lenken von der Umwelt ab, die man genie-
ßen möchte.‹ Wenn einem ernsten Gespräch zerstreuende

Wirkungen beigemessen werden, ist es mit der Zerstreuung
unerbittlicher Ernst.«

Siegfried Kracauer: Die Angestellten [Auszug].
Frankfurt a. M. 1929. Zit. nach: S. K.: Aufsätze
1927–1931. Frankfurt a. M.: Suhrkamp, 1971. S.
214 f., 242 f., 259, 263, 273 f., 275 f., 282 f. – © 1971
Suhrkamp Verlag, Frankfurt am Main.

WERNER TÜRK, *Konfektion*:

»Und Stock änderte sich. Wenige Wochen später sagte er zu
seinen Kollegen: ›Ich habe mich entschlossen, dafür zu sor-
gen, daß wir von nun an die Überstunden bezahlt kriegen.‹
Die Kollegen lächelten. ›Na, dann sorgen Sie man dafür.
Wir haben nichts dagegen.‹ Stock ging zur Gewerkschaft.
Die wandte sich in einem Schreiben an den Unternehmer-
verband, mit dem sie den Tarifvertrag abgeschlossen hatte.
Sie ersuchte den Unternehmerverband, auf sein Mitglied,
die Firma Bohrmann einzuwirken, daß es tarifmäßig die
Überstunden bezahle.
Nachdem Mendel das Schreiben von seinem Verband erhal-
ten hatte, rief er alle Angestellten nach einander zu sich.
Düsseldorf war der erste. ›Sie verlangen Bezahlung der
Überstunden?‹ fragte Mendel.
›Ich??‹
›Wer sonst?!‹
›Ich habe nichts verlangt.‹
›Sie können gehen.‹
Gleich darauf wurde Stock zu Mendel gerufen. ›Sie verlan-
gen Bezahlung der Überstunden?‹
›Wer hat das gesagt?‹
›Das ist keine Antwort auf meine Frage!‹
Mendels Augen sahen wie gefroren aus.
›Sie verlangen Bezahlung der Überstunden??!‹
›Jawohl.‹
›Gut. Geht in Ordnung.‹
Stock verließ das Privatkontor.

So wurde einer nach dem anderen gerufen. Und diejenigen, die nun vor Mendel erschienen, verhielten sich wie Düsseldorf. Wenn Mendel alle Angestellten auf einmal zusammen in einen Raum gerufen hätte, und wenn es ihnen dadurch möglich gewesen wäre, im Chor zu antworten, ja, dann hätten sie vielleicht wie Stock gesprochen. Das hatte Mendel auch geahnt. Das war auch der Grund gewesen, warum er sie alle einzeln zu sich hereingerufen hatte.

Stock hatte also als einziger darauf bestanden, daß die Überstunden bezahlt werden. Das Bewußtsein, Mut und Unerschrockenheit bewiesen zu haben, erfüllte ihn mit Kraft. Über das Verhalten der Kollegen war er empört. Er machte ihnen heftige Vorwürfe und war stolz darauf, daß er zum erstenmal zu solchen Vorwürfen berechtigt war. Die Kollegen verteidigten sich stammelnd. Einige ließen sich davon überzeugen, daß sie sich falsch verhalten hätten. Noch nie hatte Stock so fließend geredet und so voller Schwung ... Am fünfzehnten des Monats erhielt er einen blauen Brief: die Kündigung. Er lachte gepreßt, knüllte den Brief zusammen und steckte ihn wie ein Taschentuch in die Hosentasche. [...] Er bemühte sich um eine neue Stellung, schnitt Annoncen aus, schrieb ein Bewerbungsschreiben nach dem anderen und stellte sich bei einer Anzahl Firmen vor. Einige Firmen fanden ihn zu alt. Drei Firmen interessierten sich für ihn. ›Wo waren Sie zuletzt tätig?‹ fragten sie. Er antwortete: ›Bei Benno Bohrmann.‹ Sie zogen bei Bohrmann Erkundigungen ein. Mendel gab zu verstehen, daß Stock ein tüchtiger, aber unbequemer Angestellter wäre, der als Gewerkschaftler unerfreuliche Spannungen im Geschäft hervorgerufen hätte. Das genügte. Solch einen Angestellten wollten die Firmen nicht haben. [...] Die Chefs wurden vom Arbeitsgericht zur Nachzahlung der Überstundengelder in einer Höhe von 820 Mark verurteilt. Das erfüllte Stock mit Genugtuung. Doch eine Stellung fand er nicht. Die Konfektion blieb ihm verschlossen. Was sollte er tun?

Er hatte eine Familie zu ernähren. Jede Arbeit wollte er an-
nehmen.«

Werner Türk: Konfektion. Berlin/Wien: Agis-Ver-
lag, 1932. S. 58–60.

WILHELM TEWES-DÜSSELDORF, *Das Mittelstandsproblem*:

»Vor 1914 waren die Schichten des Mittelstandes in der
Hauptsache die Träger und zugleich Nutznießer unserer
Gesellschaftskultur. Ihre Lebenshaltung trug den Stempel
einer behaglichen Komfortabilität. [...]
Krieg und Revolution haben dem Mittelstandsproblem ei-
nen ganz neuen, überaus bedeutungsvollen Inhalt gegeben.
Den Krieg hat wirtschaftlich in erster Linie der Mittelstand
verloren, und die wirtschaftlichen Folgen der Revolution
bzw. die durch sie bedingte Verschiebung der politischen
Machtverhältnisse haben ihm den Rest gegeben, mit zwei
Ausnahmen. Das Handwerk hat, dank seiner inneren
Struktur und dank seiner heute mustergültigen Organisation, den Stoß auffangen und dessen vernichtende Wirkung
abwehren können. Der Handel sodann ist gleichfalls weniger erschüttert, wenn er auch nicht so glimpflich abgekom-
men ist, wie das Handwerk, vor allem sich einer größeren
Zukunftsbedrohung gegenübersieht. Alle übrigen Gruppen
des Mittelstandes sind heute mehr oder weniger verarmt;
der Sicherheitsfaktor, der vordem ihre allgemeine Lage cha-
rakterisierte, ist in Wegfall gekommen. Die wirtschaftlichen
Voraussetzungen des Begriffes ›Mittelstand‹ [...] fehlen
heute bei den meisten seiner Angehörigen. Die Lage der sogenannten Kleinrentner ist anerkanntermaßen verzweifelt.
Die Situation vieler Haus- und Grundbesitzer ist katastro-
phal. Die Privatangestellten haben nur in bescheidenem
Ausmaße durch Aufnahme des Tarifgedankens ihre Ein-
kommensverhältnisse der Teuerung anpassen können. Die
freien Berufe, Ärzte, Rechtsanwälte, Techniker, Ingenieure,
Architekten, Künstler usw. führen einen hoffnungslosen

Kampf gegen das Ungeheuer ›Teuerung‹. Staats- und Kommunalbeamte sind trotz aller Besoldungsreformen außerstande, aus ihrem Einkommen die Lebensnotwendigkeit zu bestreiten und können, soweit überhaupt etwas Vermögen vorhanden ist, auf den Tag ausrechnen, wann der letzte Sparpfennig zum Teufel geht. [...]
Demgemäß ist auch die sozialkulturelle Lage des Mittelstandes heute eine vollkommen veränderte. Zwar herrscht hier viel verborgene Armut, die auf die Zähne zu beißen versteht und mit tausend Mitteln und Mittelchen altbürgerlichen Glanz und Deftigkeit vorzutäuschen versucht. [...]
Den Wissenden jedoch ist nur zu sehr bekannt, welchen Grad der Notstand, das große physische und geistige Hungern im Mittelstand heute bereits erreicht hat. Man fristet kaum sein physisches Dasein. Die Unterernährung, Tuberkulose und Skrofulose dezimiert den mittelständischen Nachwuchs. [...] Der Mittelstand, insbesondere die Schicht der Intellektuellen fehlt. Für dessen Leben gilt, was oben vom Proletariat der Vorkriegszeit gesagt wurde: ›Einförmig, Eintönig, Grau. Wie ein kalter, regnerischer Novembertag.‹ Es sollen an dieser Stelle aus diesen Tatsachen keine Folgerungen gezogen werden; daß aber hier Gefahrenquellen für unsere materielle und geistige Kultur, für uns als Volk liegen, bedarf keiner besonderen Darlegung.«

Wilhelm Tewes-Düsseldorf: Das Mittelstandsproblem. In: Das Zentrum. 28. Februar 1921. S. 161 f. Zit. nach: Familienleben im Schatten der Krise. Dokumente und Analysen zur Sozialgeschichte der Weimarer Republik. Hrsg. von Jens Flemming, Klaus Saul und Peter-Christian Witt. Düsseldorf: Droste, 1988. S. 63 f. – © 1988 Droste Verlag, Düsseldorf.

Detlev J. K. Peukert, *Krisenerfahrungen*:

»Hauptbetroffene waren jedoch die Arbeiter und Angestellten. Dabei ging es den Arbeitern im Baugewerbe und
denen in der Schwerindustrie am schlechtesten. Mit der
Stillegung ganzer Schachtanlagen und Werke konnten In-
dustriegemeinden ihren einzigen relevanten Arbeitgeber
verlieren. Neben den Branchenunterschieden – und mit diesen eng verknüpft – wären die regionalen Unterschiede zu
berücksichtigen. [...]
Betrachtet man die Altersgliederung der Arbeitslosen, fällt
auf, daß nach relativ geringer Jugenderwerbslosigkeit unter
18 Jahren ein rapider Arbeitsplatzverlust ausgerechnet in jener Altersgruppe einsetzte, die die entscheidenden Schritte
ins Erwachsenenleben machen wollte. Bei den 18- bis 30jäh-
rigen jungen Männern lag die Erwerbslosigkeit erheblich
über dem Durchschnitt. Da diese zugleich, wenn sie noch
bei der Familie lebten, von der Arbeitslosenunterstützung
ausgeschlossen waren, erfuhren sie gleichzeitig den Arbeitsplatzverlust, den Verlust jedes Einkommens und den Zusammenbruch der eigenen biographischen Perspektive.
Die Erwerbslosigkeit der Frauen war ebenfalls hoch, wenn
auch im Vergleich zu den gleichaltrigen Männern geringer.
Das führte nicht zuletzt zu Kampagnen gegen die sog.
Doppelverdiener.
Die Zeit der Erwerbslosigkeit dauerte nach dem Verlust eines Arbeitsplatzes immer länger. 1933 konnten viele auf ein
halbes Jahrzehnt ohne Arbeit zurückblicken. In dieser Zeit
sanken ihr sozialer Status und Einkommen immer weiter
ab; letzteres erreichte bald das Existenzminimum. [...] Die
Erwerbslosen durchliefen eine regelrechte Negativkarriere,
bis sie ganz unten angelangt waren. [...]
Der Alltag der Arbeitslosen war nicht nur von materieller
Entbehrung und Sorgen um den Unterhalt der Familien ge-
kennzeichnet. Daneben trat die kaum zu überschätzende
psychische Belastung, aus dem Produktionsprozeß ausge-

Arbeitsuchender in Deutschland,
zu Beginn der dreißiger Jahre

stoßen, nutzlos und ohne Aufgaben den Tag verbringen zu müssen. [...] Alle zeitgenössischen Untersuchungen des Arbeitslosenalltags stimmen darin überein, daß schrittweise auch die sonst betriebene Freizeitaktivität nachließ, daß sich ein allgemeiner Verlust des Zeitbewußtseins einstellte und den Dauererwerbslosen alle Initiative und die Hoffnungen auf eine zukünftige Besserung immer mehr verlorengingen.

Dieser Tendenz wirkten eigentlich weniger die hilflosen Angebote des Staates durch die Wohlfahrtsbehörden oder an Notstandsarbeiten entgegen als vielmehr die spontane oder organisierte Einbeziehung der Arbeitslosen in Gruppen gleichgesinnter Schicksalsgenossen. Das reichte von den ›Wilden Cliquen‹ Jugendlicher über das reichgegliederte Vereinswesen und Freizeitangebot bis zu den Kampfbünden, die sich gegenseitig die ›Straße‹ streitig machten.

Die militarisierten Männerbünde der Rechten wie der Linken boten den kameradschaftlichen Zusammenhalt und die zeitliche Ausfüllung des Alltages, den die Erwerbslosen vermißten. Organisationsdisziplin ersetzte Arbeitsdisziplin. In permanenten Kampagnen wurden die Mitglieder des Rotfrontkämpferbundes, des Reichsbanners oder der SA in Bewegung gehalten und zu Aktivitäten eingesetzt, die beanspruchten, eine sinnvolle Perspektive zu bieten. Der Kampf um die Straße gliederte sich ein in den Kampf um die Macht und damit um die ersehnte politische Neuordnung, von der man sich auch einen persönlichen Neubeginn versprechen konnte. Die Kampfverbände, wie die radikalen Parteien überhaupt, traten in dieser Zeit der persönlichen, sozialen und politischen Desorientierung als kollektive Sinnstifter auf, die den Alltag strukturierten und den Hoffnungslosen anboten, sich in die Dynamik der Bewegung einzugliedern, und die damit die Hoffnung auf die Zukunft durch das Versprechen grundlegender Umwälzungen aufrechterhielten.

So wurde die KPD bis 1932 zur reinen Arbeitslosenpartei, während es der NSDAP gelang, über die Integration junger

Erwerbsloser hinaus auch noch die orientierungslosen Millionen zwischen den Klassen, in dem von Panik ergriffenen Mittelstand und unter den Bauern und Landarbeitern zu mobilisieren.

Damit geriet die Weltwirtschaftskrise zugleich auf zwei Ebenen immer stärker zum Ferment der politischen Endkrise der Republik: ›Unten‹ radikalisierten sich die Massen jener, denen die Krisenerfahrungen alle Perspektiven zerstört hatten; ›oben‹ versuchten die Politiker der Rechten und die alten Eliten, die scheinbare Gunst der Stunde zur endgültigen Revision der Grundentscheidungen von 1918 zu nutzen.«

Detlev J. K. Peukert: Die Weimarer Republik. Krisenjahre der Klassischen Moderne. Frankfurt a. M.: Suhrkamp, 1987. (edition suhrkamp. 1282.) S. 247–249. – © 1987 Suhrkamp Verlag, Frankfurt am Main.

VI. Literaturhinweise

1. Ausgaben

Kleiner Mann – was nun? Roman. Berlin: Rowohlt, 1932.

Kleiner Mann – was nun? Hamburg: Rowohlt, 1950.

Kleiner Mann – was nun? Roman. In: Ausgewählte Werke in Einzelausgaben. Hrsg. von Günter Caspar. Bd. 2. Berlin/Weimar: Aufbau-Verlag, ⁴1970.

Märchen und Geschichten. In: Ausgewählte Werke in Einzelausgaben. Hrsg. von Günter Caspar. Bd. 9. Berlin/Weimar: Aufbau-Verlag, 1985.

Ein Mann will nach oben. Die Frauen und der Träumer. Roman. Reinbek b. Hamburg, Rowohlt, 1994. (rororo 1316.)

Heute bei uns zu Haus. Ein anderes Buch. Erfahrenes und Erfundenes. Reinbek b. Hamburg: Rowohlt, 1995. (rororo 232.)

Wolf unter Wölfen. Roman. Reinbek b. Hamburg: Rowohlt, 1997. (rororo 1057.)

2. Sekundärliteratur

Améry, Jean: Zeitbetrachtungen, unpolitische und politische. Über Hans Falladas *Kleiner Mann – was nun?* und Lion Feuchtwangers *Erfolg*. In: J. A.: Bücher aus der Jugend unseres Jahrhunderts. Stuttgart 1981. S. 80–94.

Bartram, Graham: »wenn auch alles stimmt und nur Kientopp ist, ...!« Some Observations on the Cinema Episode in Hans Fallada's *Kleiner Mann – was nun?* In: The Modern Language Review 86 (1991) H. 4. S. 929–938.

Canaris, Volker: Peter Zadek. Der Theatermann und Filmemacher. München [u. a.] 1979.

Caspar, Günter: Eine unglückliche Liebe? Fallada und der Film. 5teilige Folge. In: Film und Fernsehen. Nr. 3.4.6.7.8. Berlin 1987.

– Kippe oder Lampen. In: G. C.: Fallada-Studien. Berlin 1988. S. 66–119.

Crepon, Tom: Leben und Tode des Hans Fallada. Eine Biographie. Frankfurt a. M. [u. a.] 1984. [Zuerst: Halle/Leipzig 1978.]

Fallada. Leben und Werk 1893–1993. Ehrung zum 100. Geburtstag. Hrsg. vom Hans-Fallada-Verein. Greifswald 1993.

Farin, Klaus: »Welche sind, die haben kein Glück«. München 1993.

Fernsehspiele. Hrsg. von der Pressestelle des Westdeutschen Rundfunks, Köln. 2. Halbjahr 1973. S. 104–119.

Fritsch, Patricia: Hans Falladas *Kleiner Mann – was nun?* in der zeitgenössischen Rezeption. Magister-Arbeit an der FU-Berlin. Fachbereich Germanistik. Sommersemester 1989. Berlin 1989.

– Wie Erfolg gemacht wird. Die Vermarktung des Romans *Kleiner Mann – was nun?* In: Dokumentation zur Gründungsveranstaltung der Hans-Fallada-Gesellschaft e.V. Hrsg. von Sabine Lange und Manfred Kuhnke. Feldberg 1991. S. 25–36.

– Der Roman *Kleiner Mann, was nun?* im Spiegel der deutschen Presse im Jahr seiner Ersterscheinung. In: Hans Fallada. Beiträge zu Leben und Werk. Hrsg. von Gunnar Müller-Waldeck und Roland Ulrich. Rostock 1995. S. 249–272.

Frotscher, Hans Jürgen: Hans Fallada. Kleiner Mann, was nun? Interpretation. München 1983.

Geerdts, Hans-Jürgen: Hans Fallada. Berlin 1960. (Schriftsteller der Gegenwart. 6.)

Grisko, Michael: »Es gibt keinen Frieden zwischen arm und reich.« Hans Falladas *Kleiner Mann – was nun?* im DDR-Fernsehen. In: Hans-Fallada-Jahrbuch 3 (2000) S. 229–246. [Zit. als: Grisko, 2000a.]

– Natürliche Lebensführung – edle Persönlichkeit. Freikörperkultur in Deutschland vor 1933. In: prisma. Zeitschrift der Universität Gesamthochschule Kassel 60 (2000) S. 54–60. [Zit. als: Grisko, 2000b.]

Hans-Fallada-Jahrbücher. Hrsg. von der Hans-Fallada-Gesellschaft, Feldberg, und dem Hans-Fallada-Verein, Greifswald. Jb. Nr. 1. Neubrandenburg 1995. – Jb. Nr. 2. Ebd. 1997. – Jb. Nr. 3. Ebd. 2000.

Hartlage-Laufenberg, Barbara: Kündigung und Kündigungsschutz in Hans Falladas Roman *Kleiner Mann – was nun?* In: Neue Juristische Wochenzeitschrift 47 (1994) H. 30. S. 1930–33.

Jordan, Christa: Zwischen Zerstreuung und Berauschung. Frankfurt a. M. [u. a.] 1988. S. 172–203.

Jürß, Detlev: Rausch und Realitätsflucht. Eine Untersuchung zur Suchtproblematik im Romanwerk Hans Falladas. Diss. Konstanz 1985.

Jürß, Detlev: *Kleiner Mann – was nun?* in den öffentlichen Büchereien des Dritten Reiches unerwünscht. In: Hans-Fallada-Jahrbuch 1 (1995) S. 52–57.

Kuczynski, Jürgen: *Kleiner Mann – was nun?* oder Macht und Idylle. In: J. K.: Gestalten und Werke. Soziologische Studien zur deutschen Literatur. Berlin 1969.

Labuhn, Peter: Aspekte der russischen Erstausgabe von *Kleiner Mann – was nun?* In: Hans-Fallada-Jahrbuch 2 (1997) S. 64–72.

Latzkow, Bettina: »Wir werden doch nicht weinen müssen am Ende – Leserbriefe zu *Kleiner Mann, was nun?* In: Hans Fallada. Beiträge zu Leben und Werk. Hrsg. von Gunnar Müller-Waldeck und Roland Ulrich. Rostock 1995. S. 273–284.

Lauterbach, Burkhart (Hrsg.): Großstadtmenschen. Die Welt der Angestellten. Frankfurt a. M. 1995.

Liersch, Werner: Hans Fallada. Sein großes kleines Leben. Berlin 1981.

Loohuis, Wilmus J. M.: Hans Fallada in der Literaturkritik. Ein Forschungsbericht. Bad Honnef / Zürich 1979.

Mayer, Dieter: Hans Fallada. *Kleiner Mann, was nun?* Historische, soziologische, biographische und literaturgeschichtliche Materialien zum Verständnis des Romans. Frankfurt a. M. 1978.

– Hans Fallada. *Kleiner Mann – was nun?* In: Jürgen-Wolfgang Goette / D. M. / Christl Stumpf: Kleine Leute. Ideologiekritische Analysen zu Nestroy, Weerth und Fallada. Frankfurt a. M. [u. a.] 1979. S. 80–116.

Möbius, Hanno: Der Sozialcharakter des Kleinbürgers in den Romanen Hans Falladas. In: Stereotyp und Vorurteil in der Literatur. Untersuchungen zu Autoren des 20. Jahrhunderts. Hrsg. von James Elliott und Carol Poore. Göttingen 1978. (Zeitschrift für Literaturwissenschaft und Linguistik. Beih. 9.) S. 84–110.

Müller-Waldeck, Gunnar (Hrsg.): Hans Fallada. Sein Leben in Bildern und Briefen. Unter Mitarb. von Uli Dietzen. Berlin 1997. [Zit. als: Müller-Waldeck, 1997.]

– / Ulrich, Roland (Hrsg.): Hans Fallada. Beiträge zu Leben und Werk. Rostock 1995.

Österling, Andres: Vorwort für die schwedische Übersetzung von *Kleiner Mann - was nun?* [Übers. von Britta Klockars.] Stockholm 1933. In: Hans-Fallada-Jahrbuch 1 (1995) S. 114 f.

Prümm, Karl: Exzessive Nähe und Kinoblick. Alltagswahrnehmung in Hans Falladas Roman *Kleiner Mann – was nun?* In: Neue

Sachlichkeit im Roman. Neue Interpretationen zum Roman der Weimarer Republik. Hrsg. von Sabina Becker und Christoph Weiss. Stuttgart/Weimar 1995. S. 255–272.

Seibert, Peter / Nuy, Sandra: Live ist Live ist Live. Vom Theater und seiner Inszenierung im Fernsehen. In: Fernsehperspektiven. Aspekte zeitgenössischer Medienkultur. Hrsg. von Sabine Flach und Michael Grisko. München 2000. S. 200–212. [Zit. als: Seibert/Nuy, 2000.]

Smail, Deborah: White Collar Workers, Mass Culture and Neue Sachlichkeit in Berlin. Bern 1998.

Steinbach, Hans Dietrich: Hans Fallada. *Kleiner Mann – was nun?* In: Deutsche Romane von Grimmelshausen bis Walser. Hrsg. von Jakob Lehmann. Königstein i. Ts. 1982. S. 251–268.

Studnitz, Cecilia von: Es war wie ein Rausch. Fallada und sein Leben. Düsseldorf 1997.

Subiotto, Arrigo V.: *Kleiner Mann – was nun?* and *Love on the Dole*. Two Novels of the Depression. In: Weimar Germany. Writers and Politics. Hrsg. von Alan F. Bance. Edinburgh 1982. S. 77–90.

Tinsley, R. L.: Hans Falladas Concept of the Nature of the Little Man, the Focal Point of his Narrative. Diss. Louisiana 1955.

Thöming, Jürgen C.: Hans Fallada: Seismograph gesellschaftlicher Krisen. In: Zeitkritische Romane des 20. Jahrhunderts. Die Gesellschaft in der Kritik der deutschen Literatur. Hrsg. von Hans Wagener. Stuttgart 1975. S. 97–123.

Türk, Werner: Literatur als Spiegel der Inflationszeit. In: Hans-Fallada-Jahrbuch 1 (1995) S. 107–113.

Winkler, Michael: Paradigmen der Epochendarstellung in Zeitromanen der jüngsten Generation Weimars. In: Weimars Ende. Prognosen und Diagnosen in der deutschen Literatur und politischen Publizistik 1930–1933. Hrsg. von Thomas Koebner. Frankfurt a. M. 1982. S. 360–374.

Williams, Jennifer: Some Thoughts on the Success of Hans Fallada's *Kleiner Mann – Was nun?* In: German Life & Letters 40 (1987) H. 4. S. 305–318.

Williams, Jenny: More Lives than One. A Biography of Hans Fallada. London 1998.

Witmann, Livia Z.: Der Stein des Anstoßes. Zu einem Problemkomplex in berühmten und gerühmten Romanen der Neuen Sachlichkeit. In: Jahrbuch für Internationale Germanistik 14 (1982) S. 56–79.

Wolff, Rudolf (Hrsg.): Hans Fallada. Werk und Wirkung. Bonn 1983.

Zachau, Reinhard: Hans Fallada als politischer Schriftsteller. New York 1990.

– Der Kleinbürger als Hoffnungsträger. *Kleiner Mann – was nun?* In: R. Z.: Hans Fallada als politischer Schriftsteller. New York 1990. S. 109–128.

– Lämmchen als Vamp. Der Hollywood-Film *Little Man What Now?* In: Hans-Fallada-Jahrbuch 3 (2000) S. 247–263.

Internetadresse

Die Hans-Fallada-Gesellschaft, Feldberg, bietet auf ihrer Internet-Seite Informationen zu Leben und Werk Hans Falladas und gibt außerdem Hinweise zum Hans-Fallada-Museum, zur Hans-Fallada-Stiftung und zum Hans-Fallada-Archiv:

http://www.fallada.de

3. Literatur zur Weimarer Republik[1]

Becker, Frank: Amerikanismus in Weimar. Sportsymbole und politische Kultur. Wiesbaden 1993.

Becker, Sabina: Neue Sachlichkeit. Bd. 1: Die Ästhetik der neusachlichen Literatur (1920–1933). Köln [u. a.] 2000.

Becker, Sabina / Weiss, Christoph (Hrsg.): Neue Sachlichkeit im Roman. Neue Interpretationen zum Roman der Weimarer Republik. Stuttgart/Weimar 1995.

Benz, Wolfgang / Graml, Hermann: Biographisches Lexikon zur Weimarer Republik. München 1988.

Bracher, Karl Dietrich / Funke, Manfred / Jacobsen, Hans-Adolf (Hrsg.): Die Weimarer Republik 1918–1933. Politik – Wirtschaft – Gesellschaft. Bonn ³1998. [Zit. als: Bracher, 1998.]

Frevert, Ute: Frauen-Geschichte. Zwischen bürgerlicher Verbesserung und neuer Weiblichkeit. Frankfurt a. M. 1986.

---

1 Ausführliche Literaturhinweise zum Themenbereich Literatur, Film, Radio und Kultur in: Weyergraf (1995), S. 743–788; zur Geschichte der Weimarer Republik in: Bracher (1998), S. 653–684.

Gay, Peter: Die Republik der Außenseiter. Geist und Kultur in der Weimarer Zeit 1918–1933. Frankfurt a. M. 1987.

Hey'l, Bettina: Geschichtsdenken und literarische Moderne. Zum historischen Roman in der Zeit der Weimarer Republik. Tübingen 1994.

Jahrbuch zur Literatur der Weimarer Republik. St. Ingbert 1995–2000 – Jahrbuch zur Literatur und Kultur der Weimarer Republik. München 2001 ff.

Kaes, Anton (Hrsg.): Weimarer Republik. Manifeste und Dokumente zur deutschen Literatur. Stuttgart 1983.

– Film in der Weimarer Republik. In: Geschichte des deutschen Films. Hrsg. von Wolfgang Jacobsen, A. K. und Hans Helmut Prinzler. Stuttgart/Weimar 1994. S. 39–100.

Kracauer, Siegfried: Von Caligari zu Hitler. Eine psychologische Geschichte des deutschen Films. Frankfurt a. M. ³1995. [¹1984.]

Kreimeier, Klaus: Die UFA-Story. Geschichte eines Filmkonzerns. München 1992. [Zit. als: Kreimeier, 1992.]

Laqueur, Walter: Die Kultur der Weimarer Republik. Frankfurt a. M. [u. a.] 1976.

Leonhard, Joachim Felix (Hrsg.): Programmgeschichte des Hörfunks in der Weimarer Republik. 2 Bde. München 1997.

Lethen, Helmut: Verhaltenslehre der Kälte. Lebensversuche zwischen den Kriegen. Frankfurt a. M. 1994.

Longerich, Peter: Deutschland 1918–1933. Die Weimarer Republik. Handbuch zur Geschichte. Hannover 1995. [Zit. als: Longerich, 1995.]

Schneede, Uwe M. (Hrsg.): Die Zwanziger Jahre. Manifeste und Dokumente deutscher Künstler. Köln 1979.

Weyergraf, Bernhard (Hrsg.): Literatur der Weimarer Republik. 1918–1933. München 1995. (Hansers Sozialgeschichte der deutschen Literatur vom 16. Jahrhundert bis zur Gegenwart. 8.)

VII. Zeittafel zum Leben Hans Falladas

1893   Am 21. Juli wird Rudolf Ditzen als drittes Kind des Landrichters Wilhelm Ditzen und dessen Ehefrau Elisabeth in Greifswald geboren.

1899   1. April: Ernennung des Vaters Wilhelm Ditzen zum Kammergerichtsrat und Versetzung an das Berliner Kammergericht.

1901   Besuch des Prinz-Heinrich-Gymnasiums in Berlin-Schöneberg.

1906   Wechsel auf das Bismarck-Gymnasium in Berlin-Wilmersdorf.

1908   12. Dezember: Ernennung Wilhelm Ditzens zum Reichsgerichtsrat.

1909   1. Februar: Amtsübernahme in Leipzig; im März Übersiedlung der Familie; Besuch des Königin-Carola-Gymnasiums; am 17. April schwerer Fahrradunfall (fast einjährige Krankheit).

1911   Besuch des Fürstlichen Gymnasiums Rudolstadt; 17. Oktober: Doppelselbstmordversuch mit Hanns Dietrich von Necker; Ditzen ist schwer verletzt. Anschließend Verhaftung und Einweisung in die Psychiatrische Klinik der Universität Jena.

1912   Der junge Ditzen wird nach § 51 für nicht zurechnungsfähig erklärt und in das Privatsanatorium Tannenfeld eingeliefert; hier erste literarische Übersetzungsversuche unter Anleitung der Tante Ada.

1913   1. August: Antritt als Landwirtschaftseleve auf dem Rittergut Posterstein/Vollmershain (Sachsen).

1914   Kriegsfreiwilliger in Leipzig beim Train; Entlassung nach kurzem Dienst.

1915/16   Gutsinspektor und Rechnungsführer in Heydebreck (Hinterpommern); Mitarbeiter der Landwirtschaftskammer für Pommern in Stettin; Übersiedlung nach Berlin und Tätigkeit als Wissenschaftlicher Angestellter der Kartoffelanbaugesellschaft.

1917 Beginn der Arbeit am ersten Roman *Der junge Goedeschal*. Rauschgift-Entziehungskur in Carlsfeld in der Heilanstalt für Suchtgefährdete (Halle).

1919 Morphium-Entziehungskur in den Privatsanatorien Tannenfeld und Carolsfeld bei Halle. Erste Begegnung mit dem Verleger Ernst Rowohlt.

1920 *Der junge Goedeschal* erscheint bei Rowohlt unter dem Pseudonym Hans Fallada; Tätigkeit als Rechnungsführer auf verschiedenen Gütern in Mecklenburg, Pommern und Westpreußen.

1923 12. Juli: Verurteilung wegen Unterschlagung in Bunzlau (acht Monate); Gutssekretär in Radach (heute Radachow); Roman *Anton und Gerda*.

1924 Aufenthalt auf Rügen bei Kagelmacher; Absitzen einer dreimonatigen Gefängnisstrafe in Greifswald.

1925 Rechnungsführer in Lübgust (Pommern) und Neuhaus (Holstein); zweite Unterschlagung im September; er stellt sich nach kurzer Flucht in Berlin der Polizei.

1926 26. März: Verurteilung wegen Unterschlagung zu zweieinhalb Jahren Gefängnis, die er in der Strafanstalt Neumünster abbüßt.

1928 Haftentlassung. Fallada wird Mitglied der SPD. Arbeit als Adressenschreiber; Verlobung mit Anna Margarete Issel (Lageristin und Tochter einer Arbeiterfamilie); Übersiedlung nach Neumünster.

1929 1. Januar: Sekretär beim Wirtschafts- und Verkehrsverein Neumünster. Ab März: Annoncenwerber und Lokalredakteur beim *General-Anzeiger*. 5. April: Heirat; anschließend Prozessberichterstatter beim »Landvolkprozess«.

1930 Angestellter des Rowohlt-Verlages in Berlin (Rezensionsabteilung); Beginn der Arbeit an *Bauern, Bon-*

zen und Bomben. 14. März: Geburt des Sohnes Ulrich; Umzug nach Neuenhagen bei Berlin.

1931 *Bauern, Bonzen und Bomben* erscheint; Arbeit an *Kleiner Mann - was nun?*

1932 *Kleiner Mann – was nun?* wird zum Welterfolg, umfangreiche literaturkritische Tätigkeit.

1933 Mitarbeit bei den Filmarbeiten von *Kleiner Mann, was nun?* Später zieht er seinen Namen für das Drehbuch zurück. Umzug nach Berkenbrück; Verhaftung durch die SA und elftägige Haft; Sanatoriumsaufenthalt in Waldsieversdorf. 18. Juli: Geburt der Tochter Lore (Mücke). Kauf des Carwitzer Grundstücks (Feldberg).

1934 Romane *Wer einmal aus dem Blechnapf frißt* und *Wir hatten mal ein Kind*; scharfe Angriffe der faschistischen Kulturinstanzen.

1935 Nervenzusammenbrüche im Frühjahr und Herbst. Fallada wird kurzzeitig zum »unerwünschten Autor«; Roman *Das Märchen vom Stadtschreiber, der aufs Land flog.*

1936 Es erscheinen der Roman *Altes Herz geht auf die Reise* und die Kindererzählungen *Hoppelpoppel, wo bist du?*

1937 14. April: Tod Wilhelm Ditzens. *Wolf unter Wölfen* erscheint und findet zunächst positive Aufnahme; Auftrag zu einem Film mit Emil Jannings.

1938 Der Roman *Der eiserne Gustav* – zunächst als Drehbuch gedacht (Arbeiten wurden dann abgebrochen) und auf Druck der nationalsozialistischen Machthaber bearbeitet – erscheint, ebenso wie die Kindererzählungen *Geschichten aus der Murkelei*. In Carwitz wird der Film *Altes Herz geht auf Reise* gedreht (Verbot 1939). Fallada geht erneut in das Sanatorium nach Zepernick. Rowohlt wird aus der Reichsschrifttumskammer ausgeschlossen und der Verlag verkauft.

1939 Roman *Kleiner Mann, großer Mann – alles ver-
      tauscht* (Titel des Films: *Himmel, wir erben ein
      Schloß*); Auftrag und Arbeit für einen Heimkehrer-
      film: *Dies Herz, das dir gehört* (*Die Zuflucht*); an-
      schließend Aufenthalt im Sanatorium Heidehaus.
1940 Roman *Der ungeliebte Mann.* 3. April: Geburt des
      Sohnes Achim. Ende des Jahres erneuter Aufenthalt
      im Sanatorium Heidehaus. Wie in den kommenden
      Jahren intensive Arbeit für Illustrierte.
1941 Roman *Ein Mann will hinauf* (ursprünglich als
      Filmstoff angelegt) und die Erzählung *Das Aben-
      teuer des Werner Quabs*; Erinnerungen *Damals bei
      uns daheim* und die Erzählungen *Zwei zarte Lämm-
      chen, weiß wie Schnee* und *Die Stunde eh du schla-
      fen gehst!*
1943 Erinnerungen *Heute bei uns zu Haus* und Roman
      Der Jungherr von Strammin (Erstveröffentlichung
      1965). Im Auftrag des Reichsarbeitsdienstes für sechs
      Wochen in Frankreich und im »Sudetengau«; Auf-
      forderung des Propagandaministeriums, den antise-
      mitischen *Kutisker*-Stoff zu bearbeiten (Manuskript
      verloren gegangen). Falladas bis dahin laufender Ge-
      neralvertrag mit der Deutschen Verlags-Anstalt wird
      gekündigt.
1944 Aufenthalt in den Kuranstalten Westend (Berlin);
      Begegnung mit Ursula Losch; am 5. Juli Scheidung
      von Anna Ditzen. Anklage wegen Mordversuchs an
      Anna Ditzen; Zwangseinweisung in die Landesan-
      stalt Strelitz; hier Niederschrift des Romans *Der
      Trinker* (Erstveröffentlichung 1950) und Aufzeich-
      nungen über die Erlebnisse im Faschismus, außer-
      dem Kindergeschichte *Fridolin, der freche Dachs*
      (Erstveröffentlichung 1954).
1945 Entlassung aus der Klinik; am 1. Februar Heirat mit
      Ursula Losch; erneuter Klinikaufenthalt; Bürger-
      meister von Feldberg; Klinikaufenthalt. Übersied-

lung nach Berlin; hier Begegnung mit Johannes
R. Becher; Mitarbeit an der *Täglichen Rundschau*
und im *Kulturbund zur demokratischen Erneuerung
Deutschlands.*

1946   Neuauflage von *Wer einmal aus dem Blechnapf frißt*;
Aufenthalt in den Kuranstalten Westend und im
Hilfskrankenhaus Marthastraße; Romane *Der Alp-
druck* und *Jeder stirbt für sich allein* (in nur 24 Ta-
gen) entstehen und werden im nächsten Jahr veröffentlicht; zum Jahresende Einweisung in die Nerven-
klinik der Charité, dann nach Pankow.

1947   Hans Fallada stirbt am 5. Februar in Berlin im Hilfskrankenhaus Blankenburger Straße und wird auf
dem Schönholzer Friedhof beigesetzt.

VIII. Abbildungsnachweis

9 Hans Fallada mit seiner Frau Anna, genannt Suse, 1932. Aus: Hans Fallada. Sein Leben in Bildern und Briefen. Hrsg. von Gunnar Müller-Waldeck und Roland Ulrich. Berlin 1997. S. 103. – © Literaturzentrum Neubrandenburg e. V. / Hans-Fallada-Archiv.

10 Verteilung weiblicher und männlicher Angestellter verschiedener Berufe, 1931. Aus: Die wirtschaftliche und soziale Lage der Angestellten. Ergebnisse und Erkenntnisse aus der großen sozialen Erhebung des Gewerkschaftsbundes der Angestellten. Vollst. erw. Ausg. Berlin 1931. S. 245.

36 Ausschnitt aus einem Plan des Berliner S- und U-Bahn-Netzes, 1934. Aus: Alfred Gottwaldt: Das Berliner U- und S-Bahnnetz. Eine Geschichte in Streckenplänen. Berlin 1994. S. 29.

42 Anhänger der Freikörperkultur, einen Ger schleudernd. Aus: Nackte Schönheit. Ein Buch für Künstler und Ärzte. Hrsg. unter Mitarb. von Gustav Fritsch. Stuttgart 1907. S. 24.

60 Umschlag der Taschenbuchausgabe des Romans, 1950 (rororo Nr. 1), gestaltet von Karl Gröning jun. und Gisela Pferdmenges. – © 1932 Ernst Rowohlt Verlag, Berlin.

87 Umschlag der Erstausgabe des Romans (1932). Zeichnung von George Grosz. – © VG Bild-Kunst, Bonn 2002.

97/99 Der *Film-Kurier* zur Verfilmung des Romans durch Fritz Wendhausen (1932). – Mit Genehmigung von Gerhard Kobert, Berlin.

151 Fotomontage von John Heartfield aus der *Arbeiter Illustrierten Zeitung* vom Oktober 1930. In: Geschichte der revolutionären Berliner Arbeiterbewegung. Bd. 2: Von 1917 bis 1945. Berlin 1987. S. 292. – © The Heartfield Community of Heirs / VG Bild-Kunst, Bonn 2002.

165 Arbeitssuchender in Deutschland, zu Beginn der dreißiger Jahre. Aus: Die Weimarer Republik. Ihre Geschichte in Texten, Bildern und Dokumenten. Hrsg. von F. A. Krummacher und Albert Wucher. München 1965. S. 297.

Erläuterungen und Dokumente

Eine Auswahl

Philipp Reclam jun. Stuttgart

Romane der deutschen Literatur

IN RECLAMS UNIVERSAL-BIBLIOTHEK

Ebner-Eschenbach, Das Gemeindekind. 222 S. UB 8056

Eichendorff, Ahnung und Gegenwart. 405 S. UB 8229

Fontane, Cécile. 277 S. UB 7791 – Effi Briest. 349 S. UB 6961 – Frau Jenny Treibel. 225 S. UB 7635 – Graf Petöfy. 247 S. UB 8606 – Irrungen, Wirrungen. 184 S. UB 8971 – Mathilde Möhring. 141 S. UB 9487 – Die Poggenpuhls. 126 S. UB 8327 – Schach von Wuthenow. 168 S. UB 7688 – Der Stechlin. 485 S. UB 9910 – Stine. 124 S. UB 7693 – Unwiederbringlich. 309 S. UB 9320

Gellert, Leben der schwedischen Gräfin G***. 176 S. UB 8536

Goethe, Aus meinem Leben. Dichtung und Wahrheit. Bd. 1. 843 S. UB 8718, Bd. 2. 423 S. UB 8719 – Die Leiden des jungen Werther. 164 S. UB 67 – Die Wahlverwandtschaften. 269 S. UB 7835 – Wilhelm Meisters Lehrjahre. 661 S. UB 7826 – Wilhelm Meisters theatralische Sendung. 389 S. UB 8343 – Wilhelm Meisters Wanderjahre. 565 S. UB 7827

Raabe, Die Akten des Vogelsangs. 240 S. UB 7580 –
Altershausen. 157 S. UB 7725 – Die Chronik der
Sperlingsgasse. 223 S. UB 7726 – Das Odfeld.
291 S. UB 9845 – Pfisters Mühle. 253 S. UB 9988 –
Stopfkuchen. 247 S. UB 9393

Reuter, Schelmuffsky. 207 S. UB 4343

Rosegger, Als ich noch der Waldbauernbub war. 314 S.
UB 8563

Schlegel, D., Florentin. 119 S. UB 8707

Schlegel, F., Lucinde. 119 S. UB 320

Schnabel, Insel Felsenburg. 607 S. UB 8419

Stifter, Die Mappe meines Urgroßvaters. 323 S.
UB 7963

Tieck, Franz Sternbalds Wanderungen. 584 S. 16 Taf.
UB 8715 – Der Hexensabbat. 336 S. UB 8478 –
William Lovell. 744 S. UB 8328

Wieland, Geschichte der Abderiten. 400 S. UB 331 –
Geschichte des Agathon. 687 S. UB 9933

Philipp Reclam jun. Stuttgart